PROCÈS-VERBAL
DES SÉANCES
DE L'ASSEMBLÉE
DES ETATS
DE LA PROVINCE DE FOIX,

TENUE A FOIX, PAR ORDRE DU ROI,

AU MOIS DE JANVIER 1786.

A PAMIERS,
Chez ANDRÉ LARROIRE, Imprimeur du Roi, & des Etats, *Rue Major.*

M. DCC. LXXXVI.

PROCÈS-VERBAL
DES SÉANCES
DE L'ASSEMBLÉE DES ÉTATS
DE LA PROVINCE DE FOIX.

Du Mardi 27 Décembre 1785.

LES GENS DES TROIS ÉTATS DE LA PROVINCE DE FOIX, aſſemblés en la ville de Foix le Mardi vingt-ſeptième jour du mois de Décembre mil ſept cent quatre-vingt-cinq, par Commiſſion du Roi & du mandement de Meſſire MATHIEU-LOUIS-ARMAND D'USSON, Marquis d'Uſſon, Lieutenant-Général audit Pays & Comté de Foix, Maréchal des Camps ès Armées du Roi, & Commiſſaire deſdits Etats.

PROCEZ-VERBAL. 27 Décembre 1785.

Me. Jean-Joſeph Fauré, Avocat au Parlement, l'un des Syndics-Généraux, auroit requis la lecture, regiſtre & exé-

PROCEZ-VERBAL. 27 Décembre. 1785.

cution des Lettres-patentes & de cachet de Sa Majesté, en date à Fontainebleau, le seizieme jour de novembre mil sept cent quatre-vingt-cinq, scellées du grand sceau de cire jaune, portant commission de convoquer la présente Assemblée, ouir les plaintes & doléances de ses Sujets de ladite Province, leur faire accorder la donation ordinaire qu'ils font à Sa Majesté pour la prochaine année 1786, ainsi qu'il est porté par lesdites Lettres de commission & Lettres de cachet, dont la teneur suit.

LOUIS, par la grace de Dieu, Roi de France & de Navarre : A notre cher, &c.

Après la lecture de ladite Commission & des Lettres de cachet de Sa Majesté, M. le Marquis d'Usson, Commissaire, auroit, par un discours, exhorté l'Assemblée de vouloir se rendre conforme aux intentions du Roi, portées par lesdites Lettres ; a ordonné défaut contre les défaillans, & que, nonobstant leur absence, il soit passé outre.

A quoi Monseigneur HENRI-GASTON DE LEVIS, Evêque & Seigneur de Pamiers, Conseiller du Roi en tous ses Conseils, Président né des Etats, lui auroit répondu par un autre discours, au nom de l'Assemblée, qu'elle exécuteroit ponctuellement les ordres de Sa Majesté, avec toute la soumission & la fidélité possibles.

Monsieur le Commissaire du Roi s'étant retiré, Nosseigneurs des Etats l'ayant suivi & accompagné jusques à la porte de la rue, Monseigneur l'Evêque ayant pris la place de Président, auroit ordonné la lecture du Catalogue des Etats, pour savoir ceux qui étoient présens, & qui devoient composer l'Assemblée, à laquelle se sont trouvés les marqués d'une * audit Catalogue, qui est de teneur.

ÉGLISE.

MONSEIGNEUR L'ÉVÊQUE DE PAMIERS, Président. *

MESSIEURS, ...
- L'Abbé de Foix. *
- L'Abbé de Bolbonne.
- L'Abbé du Mas-d'Azil.
- L'Abbé de Lézat.
- L'Abbé de Combelongue.

NOBLESSE.

MESSIEURS,

Le Comte de Rabat.
Le Baron de St. Paul.
Le Baron d'Arignac.
De Mauléon de Durban. *
Le Baron de Durfort.
De Durban.
De Gannac.
De Bonnac. *
De Cazeneuve.
De Miglos. *

PROCEZ - VERBAL. 27 Décembre 1785.

NOBLESSE.

MESSIEURS,

De Roquebrune. *
D'Alliat.
De Gudanes, Coſeigneur de Château-Verdun.
Du Foſſat.
D'Arnave. *
De Luzenac.
De Junac. *
Du Vernet.
De Vernajou.
De Juſtiniac. *
D'Unzent. *
De Brie. *
De Liſſac.
D'Ornolac.
De Rouzaut. *
De la Riviere.
De Braſſac. *
De Meras.
De Loubaut.
De Saint-Machens.
Du Soulé. *
De Labat. *
D'Aſcou.
D'Orlu. *
Del Caſtera. *
De Garanou. *
Del Foixet.
De Bugnas. *
De Montlaur.
De l'Herm. *
De Larnat. *
De Puichauriol.
De Sieuras. *
De Marſeillas.
De Dalou, Coſeigneur de Villeneuve-du-Boſc.
De Lafitte.
De Bennac. *
D'Alens.
De Maſſebrac.
De Pradieres. *

PROCEZ-VERBAL. 27 Décembre 1785.

NOBLESSE.

MESSIEURS,

De Baulias.
D'Orgeiz. *
De Cubieres. *
De Sainte-Foi. *
De Daumazan.
De Cadarcet.
De St. Amans.
De Caraybat.
De Roquebrune.
De Lasserre.

TIERS-ETAT.

VILLES.

Foix. *
Mazeres. *
Taraſcon. *
Saverdun. *
Pamiers.
Ax. *
La Baſtide de Serou. *
Le Carla du Comte. *
Le Mas-d'Azil. *
Sain-Ybars. *
Lezat.
Montaut. *
Sabarat. *
Daumazan. *
Las Bordes. *
Camarade. *
Campagne. *
La Baſtide de Beſplas. *
Caſtex. *
Varilhes. *

BOURGS ET VILLAGES.

Montgaillard. *
Meras. *
Eſcoſſe. *
Château-Verdun.

PROCEZ - VERBAL. 27 Décembre 1785.

BOURGS ET VILLAGES.

Le Foſſat. *
Vicdeſſos. *
Saurat. *
Quié. *
Siguer. *
Prades. *
Montaillou. *
Syndic du Lordadois. *
Merens. *
Donézan. *
Allieres. *
Clermont. *
Verniolle. *
Caſtelnau. *
Durban. *
Cert. *
Eſplas. *
Montagagne. *
Saint-Quirq. *
Syndic de Rabat.
Conſul de Fournex. *

Remiſe des Procurations.

MM. les Députés des Communautés ayant remis chacun leur procuration en bonne forme, lecture auroit été faite des Arrêts du Conſeil portant réglement au ſujet de la tenue des Etats.

Tranſlation de l'entrée de Canté ſur celle de Roquebrune.

M. de Caſtet de Miramont, ayant rapporté le Brevet qui transfere le droit d'entrée aux Etats, ci-devant attaché à la Terre de Canté, ſur la terre de Roquebrune; l'Aſſemblée, après la lecture dudit Brevet, a délibéré & en a unanimément ordonné l'enrégiſtrement, & que dorénavant Roquebrune occupera dans le Catalogue des Etats la place & le rang que Canté y avoit toujours occupé.

PROCEZ-VERBAL.
27 Décemb. 1785.

Aujourd'hui seize Avril mil sept cent quatre vingt-cinq, le Roi étant à Versailles, le Sieur Jean-Pierre de Castet de Miramont, Seigneur de la Ville du Mas-d'Azil & sa jurisdiction, de Roquebrune & de Miramont, ancien Mousquetaire de la premiere Compagnie de la garde ordinaire de Sa Majesté, a fait exposer à Sadite Majesté, que par Contrat du 18 Décembre 1782, il a acquis de Jean-Martin Gardebosc de Labat, le droit d'entrée & d'assistance aux Etats de Foix, lequel étoit attaché à la Terre & Seigneurie de Canté, Diocese de Rieux; dont la Marquise de la Capelle avoit fait vente à l'Hôpital Saint-Joseph de Lagrave de Toulouse, par acte du 2 Mai 1744, sous réserve dudit droit d'entrée & d'assistance aux Etats de Foix; duquel droit ledit Gardebosc de Labat vendeur, étoit propriétaire du chef de Claude Meric, qui en avoit fait l'acquisition de ladite Marquise de la Capelle, par autre acte du 13 Mai de la même année 1744: Que les Syndics & Commissaires des Etats sont intervenus audit Contrat de vente, dudit jour 18 Décembre 1782: Que l'Exposant desireroit que ce droit fût attaché à l'avenir à la Terre & Seigneurie de Roquebrune, enclavée dans la jurisdiction du Mas-d'Azil Pays de Foix; ladite Terre & Seigneurie à lui appartenant pour moitié, comme l'ayant acquise par acte du 24 Mai 1783, de Noble Elie-Paul de Gotty, Seigneur de Bouissou. Et ledit Sieur Exposant a très-humblement supplié Sa Majesté de vouloir bien, sur ce, lui pourvoir. A quoi ayant égard, vu les contrats

PROCEZ-VERBAL. 27 Decemb. 1785.

de vente, des 18 Décembre 1782 & 24 Mai 1783, Sa Majesté a distrait de ladite Terre de Canté le droit d'entrée & séance aux Etats de Foix, & icelui a transféré, concédé & affecté à ladite Terre & Seigneurie de Roquebrune, pour par ledit Jean-Pierre de Castet de Miramont, & ses successeurs en ladite Terre, jouir à perpétuité dudit droit & assistance auxdits Etats; ensemble de tous les autres droits, privileges, honneurs & libertés dont jouissent ceux qui ont de pareils droits d'entrée auxdits Etats: à la charge néanmoins que ledit droit d'entrée auxdits Etats sera le seul qui demeurera affecté à ladite Terre de Roquebrune; & que dans le cas où un semblable droit y seroit déja affecté, ledit Sieur Castet de Miramont sera tenu de l'aliéner ou l'en détacher, de quelque maniere que ce soit: & sera le présent Brevet transcrit sur les Registres des Etats du Pays de Foix. Et pour assurance de sa volonté, Sa Majesté m'a commandé d'expédier ledit présent Brevet, qu'elle a signé de sa main, & fait contresigner par moi, Ministre & Secretaire d'Etat, & de ses commandemens & finances. *Signé*, LOUIS. *Et plus bas*, LE BARON DE BRETEUIL. Et en marge est écrit: *Brevet qui transfere, en faveur du Sieur Castet de Miramont, le droit d'entrée aux Etats de Foix, de la Terre de Canté sur la Terre de Roquebrune.*

Et à la lecture du Catalogue se seroient présentés M. l'Abbé de Monteils, acquéreur de la Terre & Marquisat de Bonnac, pour être reçu à l'entrée attachée à ladite Terre; & M. Estebe

PROCEZ-VERBAL.
27 Décemb. 1785.

de Labat, pour être reçu à l'entrée attachée à Labat. L'Assemblée ayant nommé l'année derniere M. d'Unzent & M. de Sieuras, pour vérifier les titres de Noblesse de M. l'Abbé de Monteils, s'en rapporte aux mêmes pour la vérification de son titre d'acquisition; & pour la vérification des titres produits par M. Estebe, elle a nommé M. de Sieuras & M. de Benac.

RAPPORT des titres de M. l'Abbé de Monteils, & sa réception pr Bonnac.

NOUS, Messire JEAN-LEOBIN DUFAUR DE SAUBIAC, Seigneur d'Unzent, Loubens, & autres Places; & Messire JEAN-BAPTISTE-CESAR DE FALENTIN, Seigneur de Sieuras, Lafitte, Saint-Amans, & autres Places: Commissaires députés par délibération des Etats, du 8 Janvier 1785, à l'effet de vérifier les titres qui seroient remis par Messire CHARLES-FRANÇOIS DE LACOMBE DE MONTEILS, Abbé de Sainte-Eusebe, Archidiacre du Chapitre de Pamiers, Vicaire-Général dudit Diocèse, acquéreur de la Terre & Marquisat de Bonnac, pour justifier sa Noblesse d'extraction; DÉCLARONS avoir procédé à la visite & examen desdits titres; à ce assistant M. DE CHARLY, Conseiller, Procureur du Roi en la Sénéchaussée de Pamiers, Syndic-Général-Adjoint, & Nous avons trouvé

Que Noble Blaise de Lacombe fut marié avec Demoiselle Louise de Bear: le contrat de mariage est en date du pénultieme du mois d'Avril, l'an de grace 1583; ledit contrat fut retenu par Seguy, Notaire de Giroussens; l'expédié qui est remis, eſt fait par Abeillon, Notaire de Girouſſens, ſucceſſeur du Sieur Seguy.

Blaiſe de Lacombe fut pourvu d'une Commiſſion de Capitaine de deux cents hommes d'armes. La Commiſſion, remiſe en original, eſt du dernier Juillet 1585. Le même obtint une Ordonnance du Roi, en date du 17 Novembre de la même année, par laquelle il fut ordonné aux Commiſſaire & Contrôleur des guerres, qui auroient fait ou feroient la montre de la Compagnie des Gens de guerre à pied, de paſſer comme préſent le Capitaine Lacombe, encore qu'il n'y comparoiſſe ni aſſiſte à icelle montre, attendu qu'il eſt employé ailleurs pour le ſervice du Roi. Ladite Ordonnance eſt remiſe en original.

Blaiſe de Lacombe Ier eut pour fils Blaiſe de Lacombe II. Ceci eſt prouvé par le contrat de mariage dudit Noble de Lacombe avec Demoiſelle Marguerite de Margés, fille de Noble Raymond de Margés & Demoiſelle Armande de Corneillan : le contrat de mariage eſt du 23 Mai 1618, retenu par Verguhiot, Notaire de Gourdon; collationné par Verguhiot, petit-fils du Notaire retenant.

Il eſt dit dans cet acte, que Noble Blaiſe de Lacombe eſt fils de feu autre Blaiſe de Lacombe quand vivoit, & de Dlle. Louiſe de Bear.

Blaiſe de Lacombe II, étant Enſeigne de la Compagnie du Sieur du Puget, dans le Régiment de Navarre, fut nommé le 9 Avril 1617 Commandant du Château Corsien, par Claude de Lorraine, Duc de Guise. Le collationné qui a été représenté, a été fait par Simon de Bertrand, Juge-Mage de la Sénéchaussée de Montauban, Commissaire pour la recherche.

Le même obtint, le 20 Novembre 1618, un Certificat de M. le Marquis de Themines, Capitaine des Gardes du Corps de la Reine Mere, portant que Blaise de Lacombe, Ecuyer, Sieur dudit lieu, est un des Gentilshommes de ladite Dame Reine, & qu'en cette qualité il a servi près de Sa Majesté, & au quartier de Juillet, Août & Septembre lors dernier. Le collationné de ladite piece a été fait également par ledit Sieur de Bertrand, Juge-Mage de Montauban, en présence du Procureur du Roi : ils y sont signés l'un & l'autre.

Blaise II de Lacombe fit son testament à Paris, le 16 Janvier 1626, pardevant Veret & Tuyin, Notaires. Il prend dans cet acte la qualité d'Ecuyer & de Lieutenant au Régiment de Navarre. Il y déclare qu'il a été marié avec Marguerite de Margés, de laquelle il a eu quatre enfans; sçavoir, Jean qui fut Prêtre, Hugues, Perrete, Jeanne. Il donna à Hugues le troisieme de sa succession, & institue pour son héritier universel Jean de Lacombe son fils aîné.

Hugues de Lacombe contracta mariage, le 24 Février 1639, avec Demoiselle Helene de Gautier. Il prend dans cet acte la qualité de Noble, & il est dit être Capitaine au Régiment du Sieur Baron de Vigan, & qu'il est fils de Noble Blaise

PROCEZ-VERBAL. 27 Décemb. 1785.

de Lacombe & de Dame Marguerite de Margés ; que Dlle. Helene de Gautier est fille de feu Noble Jean de Gautier, Seigneur de Savignac, Lassalle & Leribosc, & de Dame Susanne de Molivar. Ce contrat est retenu par Mercadier, Notaire de Castelnau de Vaux, qui a signé le Collationné. Par le contrat, la Terre de Leribosc est cédée aux futurs époux.

On a encore remis une quittance du 12 Mars 1639, retenue par le même Mercadier, collationnée par lui ; de laquelle il résulte que Demoiselle Susanne de Mercadier a reçu de Noble Hugues de Lacombe son beau-fils la somme de cinq cents livres, qui lui étoit due par le contrat de mariage dudit Noble Hugues avec ladite Demoiselle Helene de Gautier.

Hugues de Lacombe fut, en récompense des services qu'il avoit rendu à Sa Majesté dans le Régiment de Vigan, de la bonne conduite qu'il avoit tenue à la défense des Places de la Capelle, le Catellet en Picardie, à Fontarrabie, à Salces, & dans toutes les campagnes faites sous M. le Maréchal de Mothé, nommé Lieutenant-Colonel du Régiment du Socois : le Brevet lui en fut expédié le 26 Janvier 1644, l'original est remis.

Le même, par une Ordonnance de M. de Ragot, Juge-Mage de Quercy, fut déchargé de la contribution au Ban & arriere-Ban, vu le service personnel. Ladite Ordonnance est du 4 Juillet 1639 ; le collationné qui est remis, est de 1642, fait par Bertrand, Juge-Mage, Commissaire pour la recherche ; & de Villeneuve, Procureur du Roi de la Commission.

Hugues de Lacombe, Seigneur de Leribosc, fut assigné à la requête de François Baudin, en représentation des lettres en vertu desquelles lui & ses ancêtres avoient pris la qualité de Noble, Chevalier ou Ecuyer. La Chambre Souveraine établie à Caors, par son jugement du Mercredi 8 Mai 1658, déchargea ledit Noble Hugues de Lacombe de l'assignation à lui donnée; & ordonna qu'il jouiroit, en qualité de Noble, de tous les droits, exemptions, privileges, immunités accordées aux Nobles par les Ordonnances Royaux & Arrêts de reglément; & fit défenses à tous, de le troubler en ladite qualité, à peine de quarante mille livres d'amende. L'Arrêt est remis en original. Ce jugement fut rendu sur le vu des titres, qui constatent la Généalogie, depuis Blaise Ier. jusqu'à Hugues.

Noble Jean de Lacombe contracta mariage le dernier Octobre 1668, avec Demoiselle Jeanne de Manas. Il est dit dans cet acte, qu'il est fils de Noble Hugues de Lacombe, Seigneur de Leribosc, & de Demoiselle Helene de Gautier. Noble Hugues de Lacombe donna son consentement au mariage, & la Terre de Leribosc à son fils. La Demoiselle Jeanne de Manas est dite fille de Noble Jean-Antoine de Manas, & de feue Demoiselle Anne d'Audrien. L'Acte retenu par Pechaulié Notaire de Caussade; l'extrait remis est collationné par le sieur Sol, Notaire Royal, successeur dudit Pechaulié; le collationné est scellé & contrôlé à Caussade.

PROCEZ-VERBAL. 27 Décemb. 1785.

Le même fit quittance, le Lundi 9 Mars 1676, à Jean & Durand Saufien freres, de certaine fomme qu'ils lui devoient, & y prend la qualité de Noble, de Seigneur de Leribofc & de Monteils. L'acte eft retenu par Debes, Notaire de Cauffade, & collationné par lui.

Le même fe pourvut en 1690, pardevant les Tréforiers de France de la généralité de Montauban, pour demander la main-levée d'une faifie féodale, fur le fondement qu'il s'étoit attaché au fervice du Roi. La recréance provifoire lui fut accordée par une Ordonnance du Bureau, du 5 Juillet 1690, contre le Procureur du Roi & le Fermier du Domaine : il lui fut accordé fix mois pour fournir fon hommage. Dans lad. Requête, Jean de Lacombe prend la qualité de Noble ; au bas fe trouve l'Ordonnance, & la fignification d'icelle duement contrôlée, le tout en original.

Le même fut pourvu d'une Commiffion de Capitaine dans le Régiment de Quercy ; ladite Commiffion, datée du 20 Juin 1690, eft remife en original : il fit auffi le fervice de Capitaine dans le Régiment de Foix & de Melun, comme on le voit dans les différens titres & mémoires qui ont été remis.

Le même fut recherché par le Fermier du Domaine, dans le temps qu'il étoit avec fon Régiment dans le Milanois, & condamné comme ufurpateur des titres de nobleffe, faute par lui d'avoir produit fes titres. Il fe pourvut à fon retour en opposition ; & sur l'Ordonnance de M. l'Intendant de Montauban, qui le renvoie pardevant le Commissaire du Conseil, il fut rendu un Arrêt le 16 Décembre 1617, au rapport de M. de Machault Maître des Requêtes, qui maintient & garde Jean de Lacombe, Seigneur de Leribosc, ensemble ses enfants & postérité, nés & à naître de légitime mariage, en leur Noblesse, & dans le droit de prendre la qualité de Noble & d'Écuyer ; ordonne qu'ils jouiront de tous les honneurs, privileges & exemptions dont jouissent les autres Nobles du Royaume ; fait défenses à toutes personnes de les y troubler, tant & si longuement qu'ils vivront noblement, & ne feront acte de dérogeance ; auquel effet ledit Jean de Lacombe, Seigneur de Leribosc, sera inscrit dans le Catalogue des Gentilshommes qui sera arrêté au Conseil ; que la somme de trois cent trente livres par lui payée, lui sera rendue & restituée ; à ce faire, Benoît Mereil, Commis à la recherche de la noblesse, contraint comme dépositaire, quoi faisant déchargé. Cet Arrêt est remis en bonne forme, les Exploits de signification se trouvent au bas duement contrôlés.

Pierre de Lacombe contracta mariage le 24 Août 1626, avec Demoiselle Marguerite de l'Olivié ; il prend dans le Contrat le titre de Chevalier, de Seigneur de Monteils, Cairiech & autres lieux : il est dit qu'il est fils de Messire Jean de Lacombe de Leribosc, & de feue Dame Jeanne de

PROCEZ-VERBAL. 27 Décemb. 1785.

Manas, & qu'il est assisté dudit Seigneur son pere. Ladite Demoiselle l'Olivié est dite être fille de Messire Charles de l'Olivié, Seigneur de Lapenché, Saint-Martin, & de Dame Jeanne de Lacombe. Cet acte, retenu par Vaisse, Notaire de Septfons, est collationné par Vaisse fils du Notaire recevant : le seing de Vaisse est certifié véritable par Liausu, Juge de Caussade, sous la date du 30 Décembre 1684.

Le même fit son Testament le 2 Avril 1734, dans lequel il prend le titre de Chevalier. Ce titre lui est donné par le Lieutenant-Général de la Sénéchaussée de Quercy, dans le Procès-verbal d'ouverture dudit Testament, sous la date du 2 Décembre 1734. Ces deux pieces sont collationnées par Dupré, Notaire Royal de Montauban, nommé lors du Procès-verbal d'ouverture pour en garder la minute. La substitution y apposée fut publiée à l'Audience de la Sénéchaussée de Montauban le 2 Decembre 1760 : le Certificat en est mis au bas.

Le même est décédé à Strasbourg le 23 Septembre 1734. Dans son extrait mortuaire, certifié véritable par Veillas & son confrere, Notaires à Paris, qui ont traduit l'original déposé devers eux, Pierre de Lacombe est qualifié d'illustre Seigneur.

Le même, après avoir servi en qualité de Cornete dans le Régiment de Jesuves, fut pourvu d'une Lieutenance de Cavalerie dans le Régiment de Soulerne, le 8 Avril 1693, & fut fait Major du Régiment de Bissy le 22 Décembre 1706; Mestre-de-Camp du Régiment de Ussort, le 16 Septembre

1707 ; Mestre-de-Camp d'un Régiment de Cavalerie, le 1er. Avril 1710 ; Maréchal-Général de Logis des Camps & Armées du Roi, les 20 Septembre 1717 & 1er. Juillet 1718 ; Brigadier des Armées du Roi, le 1er. Fevrier 1719 ; Commandeur de l'Ordre de Saint Louis, le 1er. Janvier 1720 ; Maréchal de Camp, le 1er. Août 1734. Tous ces faits sont établis par les Brevets qui lui en ont été expédiés, qui sont remis en original.

Louis XV, en considération de ses services, lui auroit accordé un Brevet de retenue de 40000 livres sur la Charge de Maréchal de Logis de ses Armées, le 8 Avril 1718 ; le Brevet remis en original.

Les lettres qu'il eut l'honneur de recevoir des Rois Louis XIV & Louis XV, les 14 Juin 1710, 2 Mai 1711, 4 Juin 1714, 1er. Mai 1719, 1er. Avril 1734, prouvent le cas que ces Princes faisoient de ses talens, ainsi qu'une autre du 15 Décembre 1730 de Stanislas, Roi de Pologne. Elles sont toutes remises en original.

Le même avoit fait la preuve de sa noblesse d'extraction, tant du côté paternel que du côté maternel, pardevant MM. les Commissaires nommés par M. le Marquis de Coursillon d'Aujan, Grand Maître de l'Ordre de Montcarmel & de Saint-Lazare, le 8 Juillet 1716. La généalogie remonte à son Bisaïeul & Bisaïeule : les preuves en furent jugées suffisantes au jugement de l'Ordre ; en conséquence il fut reçu Chevalier. Les

PROCEZ-VERBAL. 27 Décemb. 1785.

lettres de réception ſont remiſes en original. Le Procès-Verbal qui contient les preuves eſt remis, collationné par le Secretaire Greffier général de l'Ordre, après une délibération qui l'autoriſe à accorder ledit extrait.

Noble Charles-François de Lacombe, Abbé de Ste. Euzebe, Grand Archidiacre de l'Egliſe de Pamiers, Vicaire-Général du Dioceſe, Marquis de Bonnac, Seigneur de Monteils, Cayriech, & autres Places, eſt fils de Noble Pierre de Lacombe & de Dame Marguerite de l'Olivié mariés, ainſi qu'il réſulte de ſon extrait baptiſtaire, duement légaliſé, ſous la date du 18 Juillet 1728.

Le même a acquis des héritiers ou ayant-cauſe de feu M. le Marquis de Bonnac, les Terres & Seigneuries de Bonnac & Bezac érigées en Marquiſat, par acte du 11 Mars 1784, retenu par Trulot & ſon Confrere, Notaires à Paris. L'expédié eſt remis en bonne forme.

Le même a rendu l'hommage au Roi, en la Chambre des Comptes à Pau, pour ladite Terre : l'hommage eſt remis en bonne forme.

Il réſulte de toutes ces Pieces, que depuis Blaiſe de Lacombe, qui fut marié en 1583, juſques à Noble Charles-François de Lacombe, on compte ſix générations & deux ſiecles : Que dans tous les actes qui nous ont été remis, tous ceux qui rempliſſent le grade de chaque génération, ont pris la qualité de Noble, Chevalier & Ecuyer : Que

PROCEZ-VERBAL. 27 Décembre 1785.

depuis Blaiſe juſqu'à Charles-François, ils ont tous ſervi le Roi : Que certains d'entr'eux ont eu des grades militaires ſupérieurs ; qu'ils ont été décorés des Croix des Ordres du Roi. Sur quoi nous eſtimons que les preuves fournies par ledit Noble Charles-François de Lacombe, de ſa nobleſſe d'extraction, ſont ſuffiſantes, & que l'acquiſition qu'il a faite de la Terre de Bonnac doit lui donner l'entrée aux Etats, attachée à ladite Terre ; ainſi nous le certifions véritable. A Foix, le vingt-ſix Décembre mil ſept cent quatre-vingt-cinq. SAUBIAC D'UNZENT & FALANTIN DE SIEURAS, *ſignés à l'Original.*

Lecture faite dudit procès-verbal, de commune voix de l'Aſſemblée, il a été délibéré qu'il ſera tranſcrit ſur le Plumitif, & que M. l'Abbé de Monteils ſera de ſuite reçu & inſtallé en l'entrée attachée au fief de Bonnac ; & M. de Bonnac a prêté le ſerment en tel cas requis.

Réception de M. Eſtebe, pour l'entrée de Labat.

MM. de Sieuras & de Benac ont rapporté à l'Aſſemblée, qu'on leur a préſenté un acte de vente de la Terre & Seigneurie de Labat, ſituée dans le Pays de Foix, conſenti en faveur de M. Jean-Baptiſte Eſtebe de Gabeq, par M. Gardeboſc de St. Martin, Chevalier de l'Ordre royal & militaire de St. Louis, & Capitaine dans le Régiment Royal-la-Marine, Procureur-fondé de M. Gardeboſc de Labat ſon frere, dans lequel ſont intervenus MM. les Commiſſaires des Etats : ledit acte a été retenu par Me. Ribat, Notaire de Foix, le 18 Décembre 1782.

PROCEZ-VERBAL. 27 Décemb. 1785.

A la pluralité des voix de l'Assemblée, M. Estebe a été reçu pour l'entrée du Fief de Labat, & a prêté le serment en tel cas requis.

Députation à M. le Commissaire du Roi.

Monseigneur l'Evêque Président a dit : Que suivant l'usage il étoit d'avis de députer à M. le Commissaire du Roi, pour le saluer, & lui faire honnêteté de la part de l'Assemblée ; auquel effet il a nommé M. de Junac, M. de Brie, M. de Rousaud & M. de Garanou ; avec MM. les Députés des quatre villes maîtresses & un des Sieurs Syndics ; lesquels étant partis, ils auroient été reçus par M. le Commissaire du Roi à la porte qui est sur la cour du Donjon dudit Château, au sortir des appartemens ; & étant entrés dans sa chambre, Monsieur le Commissaire du Roi leur auroit témoigné être fort sensible à l'honneur que les Etats lui faisoient, & dans le sentiment de rendre à la Province, en général & en particulier, tous les services qui dépendront de lui. Et MM. les Députés s'étant retirés, ledit Seigneur Commissaire les auroit conduits jusques à la porte du Corps-de-garde placé à l'entrée de ladite cour ; le tout conformément à l'ordre du Roi, du 3 Avril 1749, registré au Procès-Verbal des Etats du mois de Mai de ladite année.

Donation au Roi, 7425 livres.

Monseigneur l'Evêque Président a dit ensuite : Que les premieres affaires auxquelles cette Assemblée devoit penser, sont celles qui regardent le Roi ; ainsi il seroit d'avis, avant toute autre chose, de procéder au Don gratuit que la Province fait annuellement à Sa Majesté, & d'être debout & découvert en opinant, pour témoigner par cet extérieur les respects & les soumissions intérieures que l'Assemblée a pour la personne sacrée de Sa Majesté, & signifier les volontés ardentes qu'elle a pour le bien de son service ; lequel Seigneur s'étant levé & découvert pour opiner en la maniere accoutumée, toute l'Assemblée l'auroit imité ; & d'une commune voix délibéré, que la somme de sept mille quatre cent vingt-cinq livres est accordée à Sa Majesté, pour l'année prochaine 1786 ; laquelle somme sera imposée & payée ès mains du Trésorier de Sa Majesté, qui sera en exercice en la ville de Foix, en la maniere accoutumée, à raison de 3 livres 14 sols 2 den. par feu.

Du Mercredi 28 Décembre, du matin.

MONSEIGNEUR L'ÉVÊQUE DE PAMIERS, Président.

Dire de M. le Commissre du Roi.

M. le Commissaire du Roi s'étant rendu à l'Assemblée, y auroit été reçu conformément aux Réglemens ; & ayant pris la place de Président, a dit :

MESSIEURS,

Par les instructions dont je suis porteur, Sa Majesté me charge de vous dire, que son intention est que la levée des

PROCEZ-VERBAL. 28 Décemb. 1785.

impoſitions ordonnées par les Arrêts du Conſeil qui ont été envoyés à vos Syndics par M. l'Intendant, ſe faſſe ſuivant les formes preſcrites par l'Edit du mois de Mars 1784. Sa Majeſté voulant que les formes ſoient obſervées invariablement, il a été remis en même temps à vos Syndics, des modeles qu'ils feront tenus de ſuivre pour la rédaction, tant de l'état général des impoſitions, que pour les rôles particuliers de chaque impoſition. Ces rôles feront au nombre de trois ſeulement : ſavoir, un pour la Taille, un pour la Capitation, & un pour les Vingtiemes. Il ſera ajouté à chaque rôle, dans des articles ſéparés, le montant des acceſſoires de chacune deſdites impoſitions qui ſe levent au marc la livre d'icelles.

L'intention du Roi eſt, que l'état général des impoſitions, tant pour le compte de Sa Majeſté, que pour celui de la Province, ſoit viſé par ſon Commiſſaire à l'Aſſemblée des Etats, après avoir été ſignés des Syndics, & qu'il lui en ſoit remis un double pour M. le Contrôleur-Général. Les rôles ſeront ſignés par les Syndics, & envoyés, ainſi que copie de l'état général, à M. l'Intendant de Pau & Bayonne, pour être procédé par lui au *Viſa* ordonné par l'article 17 de l'Edit. Du reſte, vous voudrez bien, MESSIEURS, prendre les meſures néceſſaires pour que le verſement des deniers royaux ſe faſſe avec le plus d'exactitude & de promptitude poſſibles.

Le Roi n'a pas cru devoir avoir égard à vos repréſentations

tions relativement aux Sols pour livre des Offices Municipaux. J'ai mis tous mes ſoins à les faire valoir ; mais Sa Majeſté a jugé que toutes les Provinces de ſon Royaume étant aſſujetties à cette impoſition, les Etats étoient d'autant moins dans le cas de réclamer contre cette perception, que vous convenez, MESSIEURS, de l'avoir acquittée, & que vous êtes les ſeuls qui réclamiez contre. Sa Majeſté m'a ordonné de vous faire connoître que ſon intention eſt, que cette perception continue à avoir lieu conformément aux Arrêts qui l'ordonnent.

L'année derniere, j'ai eu l'honneur de vous inviter au nom du Roi, à former un fonds d'indemnités en faveur des Contribuables ou Communautés, qui, ayant éprouvé des pertes, ne peuvent acquitter leurs impoſitions ; établiſſement pour lequel vous aviez voté en 1783, & qui avoit porté Sa Majeſté à croire que vous vous en occuperiez aux derniers Etats. Mais cette délibération n'ayant pas eu de ſuites, Sa Majeſté, toujours occupée du bien de ſes Sujets, me charge de vous annoncer que ſon intention eſt, qu'il ſoit formé un fonds de dix mille livres par an, pour être employé aux indemnités ; & pour faciliter un établiſſement auſſi utile, Sa Majeſté s'eſt déterminée à y contribuer pour moitié. Son intention eſt, que chaque année vous remettiez à ſon Commiſſaire aux Etats, un état des demandes qui vous ſeront faites, & un projet de répartition ; lequel ſera remis par lui à M. le Contrôleur général des Finances, qui en rendra compte au Roi, qui ſe réſerve

PROCEZ-VERBAL. 28 Décemb. 1785.

de connoître l'emploi, tant des cinq mille livres fournies par la Province, que des cinq pour lesquelles il veut bien contribuer, & d'y donner son approbation. En conséquence, votre Trésorier ne pourra payer aucune indemnité, gratifications ou autres sommes, sous quelque dénomination que ce puisse être, si le paiement n'en a été duement autorisé; & ce, à peine de radiation dans ses comptes des sommes qu'il aura payées sans l'autorisation. Je ne doute pas, MESSIEURS, que vous ne sentiez le prix de la bonté du Roi, de vouloir se joindre à vous, pour venir au secours de ceux que des malheurs imprévus auront mis hors d'état de satisfaire à la charge publique.

Depuis les Etats de 1783, vous avez arrêté, MESSIEURS, de faire dresser un plan général des routes à ouvrir & à rétablir dans cette Province. J'ai eu l'honneur de vous le demander l'année derniere, afin de le faire passer au Conseil. Vous voudrez bien me le faire remettre cette année, ainsi que les devis qui doivent l'accompagner, un intervalle de deux années étant plus que suffisant pour cette opération.

Sur le compte rendu à la derniere Assemblée des fonds destinés pour les chemins, il a été constaté que la dépense avoit monté à cent trois mille trois cent soixante-neuf livres, pour l'année 1784; & qu'à l'époque du premier Janvier 1785, il existoit soixante mille six cent soixante-onze livres en deniers effectifs, outre les cinquante mille livres qui proviendroient de la Subvention pendant la même année 1785. Cependant la Commiſſion des chemins, qui s'eſt aſſemblée le 29 Avril dernier, a délibéré de ſuſpendre cette partie de travaux, & de n'employer que vingt ou trente Ouvriers à chaque attelier, ſous prétexte qu'il n'y avoit plus de fonds ſuffiſans pour ſubvenir à tous les ouvrages adjugés & commencés; enſorte que ces ouvrages auroient été arrêtés pendant la ſaiſon la plus favorable pour les exécuter.

Sa Majeſté, qui veut connoître avec le plus grand détail l'emploi des deniers affectés à un objet auſſi important que celui des chemins, me charge expreſſément de me faire repréſenter les comptes des fonds employés, non-ſeulement pendant le cours de la préſente année, mais même depuis le premier Janvier 1784, avec les pieces juſtificatives d'iceux; m'autoriſant, ſi beſoin eſt, à m'en faire délivrer des copies, & à demander tous les détails & renſeignemens que je jugerai néceſſaires pour la vérification deſdits comptes, à l'effet d'en remettre le réſultat à Monſieur le Contrôleur-Général des Finances. Sa Majeſté m'autoriſe en outre à vérifier, tant l'état des fonds qui ſe trouveront en caiſſe au premier Janvier 1786, & de ceux qui pourront y être ajoutés pendant le cours de ladite année, que de l'état des ouvrages qu'il ſera le plus inſtant de faire exécuter, ſans que leſdits ouvrages puiſſent être ſuſpendus, ſous quelque prétexte que ce ſoit, lorſque la deſtination des deniers à y employer aura été arrêtée.

PROCEZ-VERBAL. 28 Décemb. 1785.

L'intention de Sa Majesté est, que les comptes du Trésorier soit rendus, comme les années précédentes, pendant cette Assemblée. Elle m'autorise à assister aux séances de la Commission nommée pour les entendre, & à me faire remettre un double desdits comptes.

Je me suis aussi chargé d'examiner la situation du débet du Sieur Gardebosc, afin, d'après cette vérification, vous faire connoître les intentions du Roi.

Sa Majesté veut aussi que je me mette à même de lui rendre compte des sommes qui restent à payer sur les impositions arréragées de celles de l'ancienne Subvention ; de l'emploi des deniers qui en sont provenus, pendant cette année 1785, & la destination de celles qui pourront entrer dans le cours de l'année 1786.

Le feu du Ciel ayant endommagé la Tour du château de Foix, où les Archives du Pays sont déposées, le Roi a fait donner des ordres provisoires pour les réparations nécessaires ; & Sa Majesté m'a chargé de vous autoriser à faire l'imposition de la somme de

à laquelle monte la dépense de cette réparation, ainsi qu'il en sera justifié par votre Trésorier.

Vous n'avez imposé, MESSIEURS, que trois deniers pour livre, de la somme de seize mille huit cent quatre-vingt-huit livres du Brevet militaire, pour les taxations de votre Trésorier, & quatre deniers pour les Collecteurs, quoiqu'il ait toujours été imposé huit deniers pour livre de ladite somme, tant pour le Trésorier que pour les Collecteurs. L'intention de Sa Majesté est, qu'il ne soit rien changé auxdites taxations; en conséquence elles continueront à être imposées pour l'avenir sur le pied de huit deniers pour livre, & il sera pourvu au remplacement du denier non imposé pour 1785.

Sa Majesté approuve la délibération que vous avez prise l'année derniere pour le doublement de l'honoraire de cette Assemblée. Sa Majesté veut bien vous autoriser à le doubler encore cette année, se réservant d'y statuer d'une maniere invariable, par le Réglement général qu'Elle est toujours dans l'intention de faire expédier, conformément au vœu des Etats, & qui n'a été différé que pour pouvoir vérifier avec plus d'exactitude quelques objets qu'il s'agit d'y régler définitivement.

Vous vous êtes occupés, MESSIEURS, dans vos précédentes Assemblées, de la construction de vos chemins. Le droit de Subvention que vous avez cru le plus propre à fournir à cette dépense, a occasionné des troubles qui ont fixé l'attention du Roi. Sa bonté a modéré en faveur des coupables la rigueur des loix. Cependant ce droit est encore aujourd'hui l'objet de nouvelles plaintes. Le Sieur Sol, évincé de la perception de ce droit, a demandé une indemnité, sur laquelle Sa Majesté s'est réservée de statuer. Le Sr Peyronnet, nouveau Fermier, ayant à peine exploité la premiere année de son bail,

PROCEZ-VERBAL.
28 Décemb. 1785.

ſe pourvoit au Conſeil en réſiliation. Il ſe fonde ſur ce que les Syndics généraux ne lui ont pas procuré le ſecours dont il avoit beſoin, & que les Réglemens l'autoriſoient à réclamer pour aſſurer ſa perception. Vos Syndics, à qui ces plaintes ont été communiquées, ſoutiennent au contraire qu'ils ont fait tout ce qui pouvoit dépendre de leur miniſtere, & que le Fermier ne doit s'en prendre qu'à lui ſeul & à la mauvaiſe manutention de ſes Commis, ſi ſon exploitation ne lui a pas été plus profitable. Le Roi, à qui il a été rendu compte de ces différents faits, a reconnu qu'il étoit important de les vérifier avec exactitude ; & comme ils concernent l'adminiſtration de la Province, Sa Majeſté a jugé qu'une pareille vérification ne pouvoit être mieux faite que par les Etats même. En conſéquence je ſuis chargé, MESSIEURS, d'aſſembler une Commiſſion particuliere, compoſée de huit Membres choiſis parmi vous, dont quatre ſeront à votre nomination, & les quatre autres Sa Majeſté m'a autoriſé à les nommer, ainſi qu'à aſſiſter au travail de la Commiſſion, de même que M. l'Evêque Préſident. Les Membres de cette Commiſſion auront à donner leur avis motivé, 1°. ſur l'indemnité qui pourra être due au ſieur Sol ; 2°. ſur la demande en réſiliation du nouveau Fermier, à l'effet de connoître s'il y a lieu à ordonner cette réſiliation ; & en ce cas, à lui accorder une indemnité : Sa Majeſté ſe réſervant de prononcer ſur le tout, après la vérification & l'avis de la Commiſſion, dont il lui ſera fait rapport au Conſeil.

Les difficultés que la Subvention éprouve, donnent lieu de craindre qu'à l'expiration du bail, ou dans le cas de résiliation, il ne soit pas possible de trouver un prix aussi avantageux de la même ferme. Il est de toute nécessité, MESSIEURS, que vous vous occupiez d'autres moyens pour pourvoir à la dépense de vos chemins; en conséquence, Sa Majesté m'a chargé de vous inviter à examiner les différents projets qui ont déja été mis sous les yeux de la Commission des chemins, notamment celui de remplacer la Subvention par une dixme provinciale, telle qu'elle est établie en Corse; & celui de substituer au sel Grenade, le sel de Peccais, pour en permettre la vente au profit du pays, ainsi qu'il en est usé dans le pays de Gex, qui en emploie le produit à ses chemins. Ce dernier profit a été annoncé mal-à-propos, comme tendant à l'introduction de la Gabelle; ce qui a porté la Commission à le regarder comme moins pratiquable qu'une imposition de trente mille livres, pour être jointe à celle de douze mille livres, qui a lieu tous les ans sur les fonds de terre. Sa Majesté voulant bien entendre les Etats sur ces différens projets, j'ai l'honneur de vous proposer d'en renvoyer l'examen à la Commission qui sera chargée de vérifier les discussions relatives au droit de Subvention. Cette Commission référera son avis motivé en l'Assemblée générale des Etats pour en déliberer, & ensuite il sera rendu compte du tout à Sa Majesté.

J'ai l'honneur de vous observer, MESSIEURS, que la

PROCEZ-VERBAL. 28 Décembre 1785.

connoiſſance que j'ai de ces deux projets, me met à même de vous éclaircir ſur l'un & l'autre. Je ſuis, ſur-tout, dans le cas de calmer les craintes que l'on a cherché à faire naître, que le premier tendant à introduire le ſel de la Gabelle, étant ſpécialement chargé de vous dire, que ce n'eſt pas l'intention du Roi, mais bien de vous accorder la même faveur qu'au pays de Gex, qui depuis 1775 jouit de cet avantage, ſans que la Gabelle y ait été admiſe, & ſans même que la Ferme générale ait eu l'idée d'en élever la prétention. Quant au ſecond, j'en ai conféré avec M. de Boucheporn, qui m'en a fait connoître la baſe & les avantages. Enfin, MESSIEURS, mon but étant le bonheur de cette Province, je donnerai mes ſoins à vous mettre à même de n'admettre ni l'un ni l'autre, qu'après en avoir bien calculé les avantages, & les inconvénients. Heureux ! ſi nous pouvons parvenir à trouver les moyens de parfaire vos grandes routes, conſtruire vos ponts ſans ſurcharger le peuple, ou du moins à lui rendre cette charge la moins onéreuſe poſſible ; mon but ſera rempli, & ma récompenſe ſera le bien qui en réſultera.

Commiſſaires ſur dire de M. le Commiſſaire du Roi.

Sur quoi, de commune voix de l'Aſſemblée, MM. de Braſſac & de Sieuras ; Bribes Lieutenant de Maire de Foix, & Darexy député de Siguer, ont été nommés Commiſſaires pour travailler avec ceux qui ſeront nommés par M. le Commiſſaire du Roi, ſur les objets renvoyés par Sa Majeſté.

MM. d'Arnave, de Cubieres, de Fajac Maire de Saverdun,

& de Latour Maire de Saint-Ybars, ont été nommés par M. le Commiſſaire du Roi, pour travailler avec ceux nommés par les Etats.

Après quoi, M. le Commiſſaire du Roi s'eſt retiré, & a été conduit en la forme preſcrite par les réglemens.

Dire de MM. les Syndics, au ſujet des Arrêts du Conſeil.

Les Syndics généraux ont dit : Que M. l'Intendant leur avoit adreſſé un Arrêt du Conſeil, du 25 Août dernier, qui fixe la qualité de l'impoſition que la Province doit ſupporter pour l'entretenement, ſubſiſtance & habillement des Milices; des Lettres Patentes, du 7 du même mois, pour déterminer ſon abonnement pour les dépenſes de l'Etat; trois autres Arrêts du Conſeil, du 20 Novembre; l'un qui fixe les impoſitions acceſſoires, l'autre les vingtiemes, & l'autre la capitation. Ils en requierent le regiſtre & exécution. Ce qui a été ainſi déliberé de commune voix de l'Aſſemblée; & ſera néanmoins l'Arrêt du Conſeil, concernant les acceſſoires, rapporté à la Commiſſion chargée d'ouir les comptes du Tréſorier, pour examiner tout ce qui a rapport à l'établiſſement de la Brigade de Maréchauſſée à Foix, & en rendre compte à l'Aſſemblée, ainſi que des obſervations qu'elle pourra faire ſur les rôles de répartition des impoſitions adreſſées aux Syndics, & des objets énoncés dans le dire de M. le Commiſſaire du Roi, qui ne font pas partie de la Commiſſion précédemment nommée.

Arrêt du Conſeil, pour la Milice.

Extrait des Regiſtres du Conſeil d'Etat.

Vu par le Roi, étant en ſon Conſeil, &c.

Arrêt du Conseil, pour les impositions accessoires.

Extrait des Registres du Conseil d'Etat.

Le Roi s'étant fait représenter l'Arrêt rendu en son Conseil le 28 Novembre 1784, &c.

Arrêt du Conseil, pour les vingtiemes.

Extrait des Registres du Conseil d'Etat.

Le Roi s'étant fait représenter l'Arrêt rendu en son Conseil le 17 Février 1781, &c.

Arrêt du Conseil, pour la Capitation.

Extrait des Registres du Conseil d'Etat.

Le Roi s'étant fait représenter l'Arrêt rendu en son Conseil le 28 Novembre 1684, &c.

Lecture faite de la Commission adressante à la Chambre des Comptes de Pau, portant demande de la somme de 15000 livres pour le quartier d'hiver, ladite Commission en date du 7 Août 1785.

Quartier d'hiver, 15000 liv.

L'Assemblée accorde à Sa Majesté la somme de 15000 livres, pour le quartier d'hiver, subsistance & dépense de l'Etat pour l'année 1786; laquelle somme sera imposée, si fait n'a été, avec le droit de levée, sur tous les lieux contribuables de la Province, à ce compris les Villes de Pamiers, Lézat, Miglos & le Donézan, payable ladite somme aux termes portés par la Commission, à raison de 5 liv. 16 sols 4 deniers par feu.

Commissaires nommés sur trois objets.

M. l'Abbé de Foix, M. le Baron de Castelnau, M. de Justiniac, M. del Castera; MM. les Maires de Foix, d'Ax, Siguer & Vicdessos, ont été nommés Commissaires pour ouir les comptes.

MM. de Lissac, d'Unzent, d'Orgeix, de Bugnas; les

Députés de Mazeres, Saint-Ybars, le Fossat, & la Bastide de Serou, ont été nommés Commissaires pour examiner les Requêtes.

MM. de Roquebrune, du Soulé, de Pradieres, de Cubieres; avec les Députés de Saverdun, Tarascon, la Bastide de Besplas, & Château-Verdun, ont été nommés Commissaires pour former la Commission des travaux publics.

Réparations du château de Foix. 200 liv.

De plus, sera imposé la somme de deux cent livres, pour être employée aux réparations du Château de Foix, conformément à la Commission des Etats.

A Monseigneur le Gouverneur, 12000 liv.

L'Assemblée a ensuite délibéré, que la somme de douze mille livres sera imposée & payée à Monseigneur le Comte de Ségur, Gouverneur de cette Province, conformément à l'Arrêt du Conseil du 25 Juillet 1669, & à la Délibération des Etats du 1er Avril 1748.

A M. le Marquis d'Usson, 1000 liv.

Plus, en faveur de M. le Marquis d'Usson, Commissaire des Etats de cette Province, la somme de mille livres, qui lui sera payée d'avance, conformément à l'Arrêt du Conseil de l'année 1666.

A M. le Président, 500 liv.

A M. l'Evêque de Pamiers, Président né des Etats, la somme de cinq cent livres, aussi payable par avance, suivant ledit Arrêt.

A M. le Baron des Etats, 500 liv.

Plus, en faveur de M. le Baron de Castelnau de Durban, Baron des Etats, la somme de cinq cent livres, aussi payable par avance, suivant ledit Arrêt.

A MM. de la Nobleſſe, 1000 liv.

A Meſſieurs de la Nobleſſe qui aſſiſtent à cette Aſſemblée ; la ſomme de mille livres, ſuivant qu'eſt porté par l'Arrêt du Conſeil du 16 Mars 1721, qui permet aux Etats d'impoſer annuellement cette ſomme, pour être diſtribuée par le Tréſorier des Etats à MM. de la Nobleſſe qui ont droit d'y aſſiſter, & qui ne ſont pas compris dans les gratifications ordonnées par l'Arrêt du Conſeil du 21 Juin 1689 ; laquelle ſomme ſera compriſe dans l'impoſition prochaine.

Affaires urgentes, 1500 liv.

De plus, ſera impoſé la ſomme de mille cinq cent livres, pour ſervir de fonds aux affaires urgentes qui arrivent dans le cours de l'année, ſuivant la permiſſion que le Roi en a accordée par Arrêt du Conſeil du 21 Juin 1689 ; laquelle ſomme ſera employée ſur les mandemens de M. l'Evêque Préſident.

A M. le Marquis d'Uſſon, Commandant & Commiſſaire, 3000 liv.

L'Aſſemblée a enſuite délibéré, que la ſomme de trois mille livres ſera impoſée en faveur de M. le Marquis d'Uſſon, Commandant pour le Roi & Commiſſaire des Etats, conformément à la lettre de Monſeigneur le Comte de St. Florentin, du 20 Janvier 1775, énoncée au Verbal d'impoſition du 20 Avril 1775.

A M. de Pourdon, 1000 liv.

Plus, en faveur de M. Rouſſel de Pourdon, Lieutenant de Roi de la ville & château de Foix, la ſomme de mille livres, conformément à l'ordre du Roi du 3 Novembre 1753, regiſtré au Verbal des Etats de ladite année.

En faveur de M. le Baron de Miglos, Commiſſaire du *Viſa* des impoſitions, la ſomme de cent livres. M. de Miglos, Comiſs^re du *Viſa*, 100 liv.

A M. Boyer, Commiſſaire du *Viſa* deſdites impoſitions, la ſomme de cinq cent livres, payable ſur le mandement de M. l'Evêque Préſident. A M. Boyer, C^re. du *Viſa*, 500 liv.

En faveur de M. Boyer, Major du château de Foix, la ſomme de trois cent livres. Au Major, 300 l.

Et à l'Imprimeur des Etats, ſoixante livres. à l'Imprimeur, 60 l.

Les Etats, délibérant ſur les aumônes, ont accordé aux RR. PP. Capucins de Foix, la ſomme de cent livres. Aumônes.

Aux Tierçaires de Mazeres, ſoixante livres.

Aux Cordeliers, Carmes, Jacobins & Auguſtins de Pamiers; & aux deux Ordres des Religieuſes Carmelites & Urſulines dudit Pamiers, trente livres à chacun deſdits Ordres.

Et aux Dames Religieuſes de Foix, la ſomme de cent livres, payables leſdites aumônes ſur les mandemens de M. l'Evêque Préſident.

L'Aſſemblée a enſuite délibéré, que la ſomme de ſix cent livres ſera compriſe dans l'impoſition prochaine pour le College de Pamiers, pour concourir à ſon entretien. 600 liv. pour le College de Pamiers

Comme auſſi a été délibéré que la ſomme de mille livres ſera compriſe dans l'impoſition prochaine, pour être employée aux réparations les plus urgentes des ponts & chemins; laquelle ſomme ſera diſtribuée ſur les mandemens de M. l'Evêque Préſident. 1000 liv. pour les réparations des routes & chemins.

1000 liv. pour les intérêts des Emprunts.

De plus, sera imposé la somme de mille livres, pour servir au paiement des intérêts des sommes empruntées pour les réparations des chemins, suivant la délibération des Etats & Arrêt du Conseil, du 31 Janvier 1741, qui l'homologue.

12000 liv. pour la construction des chemins.

Après quoi l'Assemblée a unanimement délibéré que la somme de douze mille livres sera comprise dans l'imposition prochaine, pour être employée à la construction des chemins, conformément à la délibération des Etats du 21 Septembre 1767.

60 l. à l'Aumônier.

Comme aussi accorde ladite Assemblée à M. l'Aumônier, qui a dit les Messes pendant les Etats, la somme de soixante livres, qui lui sera payée sur le mandement de M. l'Evêque Président.

15 l. au Concierge.

L'Assemblée a ensuite délibéré d'accorder au Concierge de la Salle des Etats, quinze livres.

20 liv. aux Gardes.

Et aux Gardes, commis à la porte de la Salle des Etats, vingt sols à chacun par jour.

40 liv. à Sabardu.

L'Assemblée a, de commune voix, délibéré d'accorder à Marc Sabardu de Sem, la somme de quarante livres, pour ses journées employées, pendant l'année, à raccommoder le chemin de Cavaliere & des Minieres dudit lieu ; laquelle somme lui sera payée sur le mandement de M. l'Evêque Président.

Du premier Janvier 1786, du matin.

MONSEIGNEUR L'ÉVÊQUE DE PAMIERS, Préſident.

Rapport de la Commiſſion des Requêtes.

Requête des PP. Auguſtins de Pamiers.

LE Syndic des Auguſtins de la ville de Pamiers, demande qu'il ſoit pris une délibération par les Etats, pour aſſurer à cette Maiſon la rente de cinq livres, à laquelle étoit aſſujettie la maiſon que Corneil a cédée à la Province, & qui eſt entrée à la faction de ſes chemins.

La Commiſſion, de commune uoix, a délibéré que les Etats doivent s'obliger de payer à l'avenir aux PP. Auguſtins de Pamiers ladite rente de 5 livres ; & qu'extrait de la délibération priſe ſera remis au Syndic de ladite Maiſon pour ſon titre. De commune voix de l'Aſſemblée, a été délibéré conformément à l'avis de la Commiſſion.

Requête de Naudy, Collecteur d'Orlu & d'Orgeix.

Le nommé Naudy, Collecteur d'Orlu & d'Orgeix en 1752, demande d'être déchargé du reliquat de la ſomme de 18 liv. 1 ſol 8 den., qu'il avoit été condamné de payer par la Commiſſion de 1780. Pour juſtifier de ſa demande, ledit Collecteur a remis ſous les yeux de la Commiſſion le rôle du Vingtieme de ladite année, montant à la ſomme de 482 liv., à ce com-

PROCEZ-VERBAL. 1er Janvier 1786.

pris ses taxations. Il a présenté trois quittances ; savoir, l'une, du 8 Août 1775, de d'Arexy, de la somme de 170 liv. 8 s. ; l'autre, du 15 Mai même année, de la somme de 144 liv., faite par le même ; la troisieme, du 21 Juin 1754, par Gardebosc, de la somme de 120 liv. ; & enfin une Ordonnance de décharge, obtenue par M. de Thouel Fonfrede, du 23 Avril 1753, de la somme de 21 liv. 18 sols pour Orlu, & 17 liv. 15 sols pour Orgeix ; lesquelles sommes, jointes à celle de 8 liv. 8 den., qu'il a retenue pour ses taxations, rendent celle de 482 liv. 1 sol. 8 den. Partant, loin d'être débiteur à la caisse, il se trouve créancier d'un sol huit deniers.

La Commission, vu le compte ci-dessus & les pieces justificatives d'icelui, croit que les Etats doivent décharger ledit Naudy du reliquat fixé en 1780 : ordonner la restitution en sa faveur d'un sol huit deniers. Il sera mis en marge de l'article de la Commission de 1780, une note pour indiquer les raisons qui ont fait changer cet article, & moyennant ce, le Trésorier actuel dispensé d'en rendre compte ; & au surplus, que la somme de 39 liv. 13 sols sera tenue en compte au Sieur Gardebosc sur son débet.

Ce qui a été délibéré de commune voix de l'Assemblée, conformément à l'avis de la Commission.

Requête de Darexy de Siguer.

Antoine d'Arexy & autres, exposent : Que le pont de Sabar est assujetti à une redevance d'une livre de poivre blanc en faveur de l'Engagiste de la châtelainie de Quié : Que la Communauté

munauté de Siguer jouit de ce Domaine à titre d'engagement. Ils demandent le paiement de cette redevance depuis sept années.

La Commission, vu que le titre qui établit ladite redevance n'est point remis, croit que les Etats doivent délibérer que le Sieur d'Arexy & autres, communiqueront leur titre aux Syndics généraux, pour par ceux-ci en faire ensuite le rapport aux Etats.

Ce qui a été délibéré de commune voix de l'Assemblée, conformément à l'avis de la Commission.

Demande de la Communauté de Tarascon.

La Communauté de Tarascon demande que les Etats imposent en sa faveur les intérêts de la somme de six mille livres, qui lui a été donnée pour le prix du droit de Pontanage du pont de Tarascon.

La Commission, de commune voix, croit qu'il n'y a lieu de statuer sur la demande de ladite Communauté, attendu que la convention a été faite sans stipuler les intérêts dans l'acte.

Ce qui a été délibéré de commune voix de l'Assemblée, conformément à l'avis de la Commission.

Requête de Soulé.

Thomas Soulé, Sellier de la présente ville, demande en qualité de Fermier de la Subvention de 1777, que les frais de l'acte qu'il passa à raison de ladite Ferme & autres relatifs à cet objet lui soient remboursés, comme aussi une somme de cent livres qu'il a prêtée à un de ses Associés.

F

PROCEZ-VERBAL.
1er Janvier 1786.

La Commiſſion croit que pour le premier objet, ledit Soulé doit ſe retirer pardevant les Commiſſaires nommés pour cette partie ; & ſur le ſecond, qu'il n'y a lieu de ſtatuer.

Ce qui a été délibéré de commune voix de l'Aſſemblée, conformément à l'avis de la Commiſſion.

Requête des Communautés de Varilhes & Verniolle.

Les Communautés de Varilhes & de Verniolle, demandent qu'il ſoit établi un droit d'entrée ſur le vin étranger qui entre dans la Province, & ſur la viande.

La Commiſſion, vu que ces Requêtes ſont les mêmes que celles qui furent préſentées l'année derniere, qui furent renvoyées à la Commiſſion chargée d'examiner les différens projets qu'on pourroit propoſer pour remplacer la Subvention, a cru qu'il ne devoit point être ſtatué ſur leſdites Requêtes, quant à préſent.

Ce qui a été délibéré de commune voix de l'Aſſemblée, conformément à l'avis de la Commiſſion.

450 liv. accordées à M. Pertinchamp.

Sur la Requête préſentée par le Sieur Pertinchamp, Directeur des Travaux publics,

De commune voix de l'Aſſemblée il a été accordé à M. Pertinchamp la ſomme de quatre cent cinquante livres, à raiſon de la ſatisfaction qu'elle a de la direction de ſes ouvrages, & à raiſon des courſes extraordinaires auxquelles il a été expoſé dans le cours de l'année ; laquelle ſera compriſe dans l'impoſition prochaine.

RAPPORT de la Chambre des Comptes.

RAPPORT de la Commiſſion des Comptes, chargée d'examiner & rendre compte des objets énoncés dans le dire de M. le Commiſſaire dn Roi.

M. l'Abbé de Foix, Préſident de la Commiſſion, a dit :

Dire de M. l'Abbé de Foix.

MESSIEURS,

La Commiſſion nommée par vous à l'effet d'examiner les objets contenus dans le diſcours de M. le Commiſſaire du Roi, s'eſt hâtée d'en prendre une connoiſſance détaillée, afin de vous mettre à portée de déterminer ce qu'il eſt convenable de faire.

Elle a cru pouvoir intervertir l'ordre des matieres dont il y eſt queſtion, & préſenter d'abord aux ſentimens toujours exiſtans dans vos cœurs, un moyen de ſe déployer plus particuliérement dans cette occaſion, en manifeſtant votre reconnoiſſance envers Sa Majeſté, pour un nouveau bienfait qu'Elle s'eſt plue à répandre ſur tous les Pays d'Etats dépendans de cette Généralité : chacun a obtenu une portion d'indemnité ; & la vôtre a été de cinq mille livres. C'eſt tout ce que Sa Majeſté pouvoit vous accorder ſur ſes propres deniers, quoique l'année derniere vous euſſiez eſpéré d'en obtenir juſqu'à dix ; mais, en joignant cette ſomme à celle de quinze

PROCEZ-VERBAL. 1er Janvier 1786.

cent livres déja destinée au même objet, elle vous formera un fonds de six mille cinq cent livres. Cette somme n'a pas paru suffisante au cœur généreux de Sa Majesté. Elle auroit desiré réparer tout le mal qu'Elle ne pouvoit empêcher; mais sa bienfaisance a été enchaînée ou du moins modérée, par l'esprit d'ordre & d'économie qu'Elle n'a cessé de suivre dans toutes les branches de son administration. Les dépenses de l'Etat ne lui ont pas permis de vous accorder entiérement votre demande, qui étoit son premier vœu. Elle a cru que l'exemple qu'Elle vous donnoit vous engageroit à faire de votre côté les mêmes fonds, en faveur des misérables dont les sollicitations vous paroîtroient justes, & dont d'ailleurs le soulagement momentané tournoit si directement en faveur de la Province elle-même.

La Commission, pénétrée des mêmes sentimens qui ont excité la commisération du Roi, a remarqué néanmoins qu'une somme de six mille cinq cent livres, repartie sur les Communautés de cette Province avec sagesse, & d'après les connoissances locales qui appartiennent particuliérement & exclusivement à une administration rapprochée & paternelle, comme la vôtre, ne pouvoit que faire un très-grand effet. Elle a réfléchi, avant de se laisser aller au desir qu'elle avoit d'égaler la bienfaisance royale de Sa Majesté, que pour venir au secours des misérables, il ne falloit pas en faire de nouveaux. Elle a consulté les forces de la Province : elle l'a crue hors d'état de supporter cette charge nouvelle, dans un moment précisément où elle paye encore un troisieme Vingtieme de trente-cinq mille livres, où on lui fait craindre de subir un accroissement de taille de neuf mille livres, où la Capitation est chargée d'une nouvelle Brigade de Maréchaussée, où elle a été obligée de s'assujettir à l'imposition la plus onéreuse, pour la confection des chemins, dont elle ne jouit pas encore ; où enfin des arrérages anciens la forcent d'ajouter un sixieme à l'imposition annuelle. Toutes ces charges, qui attestent bien le besoin qu'elle a des secours de Sa Majesté, manifestent aussi que nous n'avons pas encore atteint le temps de songer à une amélioration aussi coûteuse.

La Commission a été tellement persuadée de cette vérité, qu'elle préféreroit renoncer à tous les avantages que vous pourriez recueillir de la bienfaisance de Sa Majesté, si Elle en avoit fait dépendre l'effet de cette imposition nouvelle de cinq mille livres, plutôt que d'accabler la généralité des contribuables sous un nouvel impôt. Mais heureusement! Sa Majesté, qui est obligée de mettre des bornes à sa générosité, ne sait pas y mettre des conditions. Elle regrettera avec vous de ne pouvoir vous la faire éprouver d'une maniere plus sensible. Elle vous a invité à cette imposition ; mais ce n'est que dans la supposition qu'elle seroit salutaire pour vous-même. Sa sagesse ne lui a pas permis d'ignorer combien il seroit dangereux de forcer les moyens en tout genre. L'expérience lui a appris qu'il est un terme à tout, même au bien ; & que vouloir en faire trop à la fois, ce feroit courir le rifque de rendre funeftes les intentions les plus pures & les plus droites. Sans doute, Sa Majefté reconnoîtra la légitimité de vos raifons : & pour être forcée de renoncer à faire tout le bien qu'elle auroit voulu, Elle ne négligera pas celui qui eft en fa puiffance, en attendant des circonftances moins critiques.

L'avis de la Commiffion eft donc, que vous mettiez fous les yeux du Roi le Tableau des Communautés qui ont le plus fouffert cette année, pour profiter, proportionnellement à leurs befoins, de la générofité de Sa Majefté & de la vôtre, à raifon de fix mille cinq cent livres que vous aurez à répartir en indemnités; car telle eft l'intention du Roi, manifeftée pas fon Commiffaire, qu'il fe réferve expreffément d'autorifer les rôles que vous en aurez fait.

Nous n'avons pas été infenfibles, MESSIEURS, à cette précaution, qui nous a fait craindre que l'on n'ait altéré la confiance que Sa Majefté avoit en vous, qu'Elle avoit héritée des Rois fes aïeuls; & que nous oferons dire qu'ils devoient au zele & à la chaleur que vous avez mife à les fervir dans tous les genres, & particuliéremeut en lui repréfentant les befoins & les intérêts de la Province qui a été confiée à vos foins. Nous avons efpéré que vous chargeriez un Membre des Etats, de lui manifefter votre jufte fenfibilité; mais que cet article pourroit être joint dans un même Mémoire à un autre, qui, malheureufement eft encore plus contraire aux franchises & privileges que vous tenez de vos Souverains.

Cet article, MESSIEURS, est celui qui vous annonce que dorénavant vous serez assujettis à solliciter l'autorisation du Commissaire départi, pour rendre exécutoires les rôles d'imposition, que vous avez toujours faits & envoyés dans les Communautés, d'après les Arrêts du Conseil du Roi, & d'après les besoins de la Province, qui vous sont nécessairement plus connus qu'à un Intendant, que sa position actuelle & les déplacemens fréquens tiennent nécessairement éloigné de ce Pays; qui, ne pouvant s'éclaircir par lui-même, & réduit à s'en rapporter à des témoignages & à des relations étrangeres, souvent très-fautives; à qui une multitude d'affaires ne permet pas de s'occuper du bien de la Province, avec autant d'attention que vous-mêmes; qui enfin, n'est jamais pressé par ce puissant & grand véhicule qui fait le bien & l'avantage des administrations provinciales, l'intérêt personnel, ni arrêté par ce frein, peut-être plus puissant encore, la publicité de toutes les opérations.

Déja, l'année derniere, vous aviez consigné dans votre Procès-Verbal des raisons solides pour vous soustraire à cette nouvelle sujétion. Comme elles n'ont pas été présentées dans un Mémoire à Sa Majesté, ni à ses Ministres, elles sont restées sans effet, & n'ont même obtenu aucune espece de réponse. La Commission a pensé que vous ne pouviez vous dispenser de les faire valoir sous une autre forme, de représenter encore

PROCEZ-VERBAL.
1er Janvier 1786.

les inconveniens que vous n'aviez fait alors que présenter, & que vous avez réellement éprouvés cette année, du retard des Billettes ou Mandes, qui ne peuvent être toutes envoyées à l'Intendance, réformées selon la volonté du Commissaire départi, renvoyées à la Province, distribuées dans les Communautés, départies sur les Cadastres, reportées à l'Intendance pour l'autorisation des dépenses locales; enfin, revenir dans ces mêmes Communautés assez tôt pour la commodité des contribuables & l'acquittement des deniers Royaux.

La Commission a cru que vous partageriez la douleur qu'elle a ressentie, en voyant la subversion de tous vos privileges, & l'anéantissement de tous vos droits. L'on ne vous accusera pas d'en être jaloux. Il ne s'agit pas ici de cérémonies puériles, ni de vains simulacres de grandeur. Vous combattez pour défendre le beau privilege de correspondre directement avec votre Souverain. Vous combattez pour ne pas vous laisser enlever le droit de départir les impositions Royales, suivant les forces des contribuables, & de fixer la destination de celles que vous imposez pour vos besoins. Bientôt vous serez dans l'impuissance de faire aucun espece de bien; & les Etats ne seroient plus qu'un vain fantôme, une assemblée inutile & ruineuse, si on les avoit réduits, comme la plus petite Communauté de votre Province, à solliciter pour toutes vos dépenses locales l'attache de M. l'Intendant, dont jamais vous n'aviez dépendu.

Quant

Quant à la maniere de faire les trois rôles, de Taille, Capitation & Vingtiemes, elle n'a paru susceptible d'aucune difficulté. Elle ne change rien à vos formes usitées, dont elles sont un tableau abrégé.

Vous aviez déja réclamé, dès l'année derniere, contre une imposition récemment établie sous le nom de dix sols pour livre des Offices Municipaux. La justice de vos réclamations vous avoient paru devoir assurer son succès. Si vous voulez avoir la bonté de vous faire relire ce qui fut dit l'année derniere à ce sujet, vous jugerez, MESSIEURS, plus pertinemment si vous êtes dans le cas de renouveller des demandes, dont l'équité a paru évidente à la Commission. L'on nous a fait répondre, *que toutes les Provinces du Royaume étoient assujetties à cette imposition.* Il seroit imprudent, sans doute, de contredire ouvertement une assertion aussi formelle, sans être auparavant bien assuré que le Ministere a été induit en erreur. Ainsi la Commission a pensé que vous ne pouviez vous dispenser, avant d'y répondre, de faire prendre des renseignements très-positifs sur cette question, la seule qui nous intéresse:

Quelles sont les Provinces qui, en rachetant les Offices municipaux, en aient imposé le prix & les gages en accroissement de la Taille? Et cette partie accessoire de la Taille est-elle, dans les mêmes Provinces, chargée de dix sols ponr livre?

Cette question, la seule qui puisse vous intéresser, par l'analogie de la situation de ces Provinces avec la vôtre,

PROCEZ-VERBAL.
1er Janvier 1786.

suffisamment éclaircie pour manifester votre soumission aux ordres de Sa Majesté, autant que votre ardeur pour la défense de ceux qui vous ont confié leurs intérêts; les Syndics pourroient agir conformément à ces dispositions, sous la direction de M. l'Evêque Président.

Quant au compte rendu & à rendre pour les fonds des chemins, sur lequel on craint qu'il ne reste du louche, nous avons cru devoir vous proposer d'en renvoyer l'examen & la discussion à la Commission des chemins, qui avoit formé l'année derniere le tableau dont il est question. Le Roi veut connoître en détail, par les yeux de son Commissaire, l'état de la caisse & des fonds que vous pouvez employer à cette branche intéressante de l'administrarion. Rien n'a paru plus convenable, que de lui donner à ce sujet tous les éclaircissements que vous auriez pu vous-même acquérir.

Comme M. le Commissaire du Roi a été autorisé à assister à votre Chambre des Comptes, il a été averti, & il s'y est rendu. Il n'y avoit point à délibérer sur cet article. Il se fera représenter aussi l'état de situation du Sieur Gardebosc, votre ancien Trésorier vis-à-vis de la Province, afin de remplir sa mission. Il a été également à même de s'instruire, par le vu des divers comptes, des sommes qui restent à payer sur les anciens arrérages, sur l'ancienne Subvention, & sur l'emploi qui a été fait des deniers jusques à ce moment.

La Commission a cru que vous ne feriez pas difficulté d'imposer la somme nécessaire par les réparations déja achevées de la Tour ronde, & quatre deniers pour livre des taxations, que l'Arrêt du Conseil avoit négligé d'ajouter aux seize mille huit cent quatre vingt-huit livres du Brevet militaire.

Le douzieme article du discours de M. le Commissaire du Roi porte sur l'autorisation qui vous est accordée par Sa Majesté, à l'effet de doubler les honoraires des Membres de l'Assemblée. Ce n'est qu'un avertissement pour vous permettre de délibérer ainsi que votre sagesse vous le dictera.

Le treizieme étoit un ordre pour nommer une Commission, à l'effet d'examiner & discuter divers points qui avoient été portés au Conseil de Sa Majesté. Vous y avez obéi. Nous n'avons point eu à nous en occuper. Mais il s'est élevé un doute sur le quatorzieme article, qui concerne l'examen des moyens de suppléer la Subvention. Il vous a été proposé par M. le Commissaire du Roi, de renvoyer cet examen à la Commission déja chargée de vérifier les plaintes du Sieur Peyronnet. Vous n'avez pas délibéré sur ce point; & notre activité est restée suspendue, entre le desir de ne pas manquer aux ordres que vous nous aviez prescrits, & la crainte d'outre-passer votre mandat. La Commission, dont j'ai l'honneur d'être le Chef, vous prie de vouloir bien lui manifester vos intentions sur ce point, afin qu'elle puisse s'y conformer avec le zele & le respect que tous ses membres s'empresseront toujours de vous témoigner.

Suspendu, quant à l'objet de l'indemnité, soit pour le fonds, soit pour la distribution.

L'Assemblée, délibérant sur tous les objets compris dans le compte rendu par M. l'Abbé de Foix, de voix unanime, a délibéré sur tous les points conformément à l'avis de la Commission.

Sur la question de savoir à quel Bureau est renvoyé l'examen des différens plans pour remplacer la Subvention,

Délibéré sur le rapport de M. l'Abbé de Foix.

A la pluralité des voix, il a été délibéré de prier Messieurs formant le Bureau des Comptes, d'examiner les différens projets annoncés, & d'en rendre compte.

Transaction sur le remboursement de M. Daunoux.

Jean-Izaac Combes Daunoux, Avocat au Parlement; David Daunoux, Négociant; Jean-Pierre Combes Brassard; Demoiselle Marthe Combes, habitans de Montauban, créanciers de la Province pour les trois cinquiemes d'une somme de dix mille livres, vu les difficultés que la demande du capital, quoique la rente ne soit payée qu'à trois pour cent, peut faire naître, consentent d'être remboursés du capital sur le pied de la réduction.

L'Assemblée, vu les Consultations remises sur le Bureau, a délibéré, de commune voix, d'autoriser les Syndics généraux de transiger avec les susnommés, & de s'obliger au remboursement sur le pied de la réduction. Pour parvenir au paiement, le Trésorier fera l'avance des fonds, sur lesquels il lui sera payé le droit d'avance; & pour remplacer ladite somme en sa faveur, elle sera imposée en deux années, à commencer la présente.

Le Syndic du Bureau de Charité ou Œuvre du bouillon des Pauvres de la Dalbade de Toulouse ; le Syndic des Religieuses de Notre-Dame de la rue du sac ; Me. Louis Chirac, Procureur au Parlement, ont fait signifier le 24 Novembre dernier, un acte du 20 du même mois, retenu par Mis, Notaire royal de Toulouse, par lequel Demoiselle Jeanne Gaubert leur cede une somme capitale de trois mille livres qui lui est due par la Province ; & demandent que ladite somme, ou les intérêts d'icelle, soient imposés sous leur nom particulier, au *prorata* de la portion que chacun d'eux a sur ladite somme. Ce qui a été délibéré de commune voix de l'Assemblée.

Cession de rente faite par Demoiselle Gaubert à l'Œuvre des Pauvres de la Dalbade, & autres de Toulouse.

Arnaud Canal, Thomas Canal, Jacques Fournié, du lieu de Croquier, demandent que la Province daigne venir à leur secours à raison de la perte qu'ils ont faite dans un incendie qui eut lieu le 26 Mars dernier.

Néant à la Requête de Canal & autres, de Croquier.

La Commission a été d'avis, qu'attendu qu'il n'y a point de fonds d'indemnité pour les Particuliers ; que ceux qui l'ont été sont destinés pour les Communautés, il n'y a lieu de statuer sur ladite Requête. Et ainsi il a été délibéré, de commune voix de l'Assemblée.

PROCEZ-VERBAL.
2 Janvier 1786.

Du Lundi 2 Janvier, du matin.

MONSEIGNEUR L'ÉVÊQUE DE PAMIERS, Président.

Lecture faite de l'Arrêt du Conseil qui homologue la délibération des Etats, au sujet du pont de Tarascon, l'Assemblée a unanimement délibéré qu'il sera enrégistré.

Arrêt du Conseil, au sujet du Pont de Tarascon.

Extrait des Registres du Conseil d'Etat du Roi.

Vu par le Roi, étant en son Conseil, &c.

RAPPORT de la Chambre des Comptes.

RAPPORT de la Chambre des Comptes.

MRS. les Commissaires, nommés pour le Bureau des comptes, s'étant assemblés le 29 Décembre, le sieur Fornier, Trésorier de la Province, ayant présenté le compte des impositions de l'année 1784 dans la forme de celui de son exercice de 1782, nous avons trouvé que la recette totale dudit compte en dix chapitres, se porte à la somme de trois cent soixante-dix-neuf mille sept cent quarante-deux livres trois sols quatre deniers; & la totale dépense en huit chapitres, à trois cent soixante-dix-neuf mille cent quatre-vingt-dix livres quatre sols onze deniers. Partant le comptable a été déclaré débiteur & reliquataire de la somme de 551 liv. 18 sols 5 den. dont il rendra compte aux Etats prochains, suivant la destination qui aura été faite de cette somme, & à la charge par lui de rapporter les quittances dont il n'a pu justifier, se portant à la somme de quatorze mille cent quatre-vingt-dix livres seize sols un denier.

Le Sieur Fornier nous ayant ensuite représenté le compte de ses exercices de 1782, vérifié l'année derniere; & par l'arrêté duquel il avoit été porté reliquataire de la somme de huit mille sept cent huit livres un sol deux deniers; & comme il a remis de nouvelles pieces vérifiées par le Bureau, montant à celle de deux mille vingt-deux livres dix sols: Partant le Sieur Fornier a été déclaré reliquataire de la somme de six mille six cent quatre-vingt-cinq livres onze sols deux deniers.

Le Sieur Fornier nous ayant encore représenté le compte de ses exercices de l'année 1783, vérifié & arrêté l'année derniere; & par l'arrêté duquel il fut porté reliquataire de la somme de cinquante-un mille trois cent trente-huit livres seize sols six deniers; & attendu qu'il a remis de nouvelles pieces vérifiées par le Bureau, se montant à la somme de quarante-trois mille cent une livre dix-huit sols quatre deniers: Partant le Sieur Fornier est demeuré reliquataire de la somme de huit mille deux cent trente-six livres dix-huit sols six deniers.

Le compte concernant la Subvention sur le vin, pour l'année du 1er Juillet 1784 au 1er Juillet 1785, nous ayant été présenté, nous avons trouvé que la recette se portoit à la somme de soixante-cinq mille six cent livres: savoir, cinquante mille liv.

PROCEZ-VERBAL. 2 Janvier 1786.

provenant de la Ferme de la Subvention ; douze mille livres provenant d'un paiement fait par M. de Terſac, un des débiteurs de la Province ; & trois mille ſix cent livres provenant des arrérages du quartier d'hiver de Lézat. Et la dépenſe allouée & juſtifiée par les pieces, s'eſt trouvée ſe monter à la ſomme de ſoixante-quinze mille huit cent vingt livres : Partant la dépenſe excede la recette de dix mille deux cent vingt livres, dont le Sieur Fornier demeure créancier.

Le Sieur Fornier auroit encore préſenté à la Commiſſion, le compte des arrérages des impoſitions, juſques & inclus l'année 1779 ; dont la recette, formée du reliquat déterminé par l'article de ſon compte rendu l'année derniere, ſe porte à la ſomme de cinq cent dix mille quarante-ſix livres quinze ſols ſix deniers ; & la dépenſe, qui lui a été allouée d'après les pieces juſtificatives, ſe monte à celle de ſoixante-un mille cent quatre-vingt-trois livres trois ſols : Partant le reliquat du comptable a été arrêté à la ſomme de quatre cent quarante-huit mille huit cent ſoixante-trois livres douze ſols ſix deniers.

Le Sieur Fornier a auſſi préſenté ſon compte, concernant la Subvention, pour les années 1779, 1780, 1781 & 1782, dont nous avons trouvé que la recette, formée du montant des articles de repriſe déterminés par la clôture du compte rendu le 11 Janvier 1785 à la Commiſſion, qui ſe portent à vingt-trois mille deux cent quinze livres neuf deniers ; & le reliquat, fixé par la même clôture, à trois mille cent quatre-vingt-

PROCEZ-VERBAL. 2 Janvier 1786.

vingt deux livres douze ſols un denier ; leſquelles deux ſommes réunies font élever ſa recette à vingt-ſix mille trois cent quatre vingt dix-ſept livres douze ſols dix deniers ; & que la dépenſe préſentée par le compte, juſtifiée par les pieces, s'éleve à deux mille deux cent ſoixante-douze livres dix ſols, & les repriſes à celle de vingt mille neuf cent onze livres dix ſols ; partant le comptable a été déclaré reliquataire de la ſomme de trois mille deux cent quatorze livres deux ſols dix deniers, qu'il a effectivement reçu, & ſe charge du recouvrement des articles donnés en repriſe.

Comptereau du Sr. Faure.

La Commiſſion, procédant enſuite à la liquidation des comptereaux, a liquidé celui du Sieur Fauré, Syndic, à la ſomme de cent trente livres cinq ſols ſix deniers.

Comptereau du Sr. Charly.

Celui du Sieur Charly, à celle de trois cent quatre vingt livres quatre ſols cinq deniers ; leſquelles ſommes ſeront compriſes dans l'impoſition prochaine.

Comptereau du Sr. Ribat, Secre.

Le comptereau préſenté par le Sieur Ribat, Secretaire, a été liquidé à la ſomme de ſix cent ſoixante-douze livres dix-huit ſols, qui ſera auſſi compriſe dans l'impoſition prochaine, avec le droit d'avance accoutumé.

Comptereau du Sr. Fornier, Tréſorier.

La Commiſſion a pareillement liquidé le comptereau des avances, préſenté par le Sieur Fornier Tréſorier, & l'a arrêté à la ſomme de ſeize mille cinq cent neuf livres ſeize ſols ſix deniers, y compris le droit d'avance à lui dû pour les ſommes avancées.

Vérification de la Caiſſe du Tréſorier.

La Commiſſion ſe feroit enſuite rendue chez le Sieur Fornier Tréſorier, pour procéder à la vérification de ſa caiſſe. Il lui auroit été préſenté un état, duquel il réſulte que les ſouffrances à lever ſur les comptes des années 1780, 1781, 1782, 1783 & 1784, ſe portent à trente-neuf mille quatre cent ſoixante-ſix livres quatorze ſols onze deniers : Que le reliquat effectif ſur la Subvention, des années 1779, 1780, 1781 & 1782, réſervé au quart pour les Communautés, ſe porte à trois mille deux cent quatorze livres deux ſols dix deniers : Que la recette effective ſur les arrérages de M. Gardeboſc, juſqu'au 28 Décembre 1785, où reliquat ſur lequel il doit être compté au Receveur général des Finances l'attermoiement de 1785, ſe monte à ſoixante-ſept mille neuf cent neuf livres huit ſols deux deniers : Que la recette faite ſur la Ferme de la Subvention de Peyronnet, depuis le 1er. Juillet 1785, ſe porte à treize mille ſix cent livres : Que la recette faite ſur les impoſitions de 1785, ſe porte à la ſomme de deux cent quatorze mille huit cent ſoixante-deux livres huit ſols ſept deniers. Toutes leſquelles ſommes forment un total de trois cent trente-neuf mille cinquante deux livres quatorze ſols ſix deniers.

Le Sieur Fornier a encore repréſenté à la Commiſſion, en effets ou eſpeces, ſavoir, en quittances

ſur 1785	181224 liv.	13 ſ.	
Qu'il a envoyé à M. Lafilard Agent de la Province à Paris pour les rentiers, ſix derniers mois de 1785	3750 liv.		
A Monſeigneur le Gouverneur pour le quartier courant de ſes appointements, ci	3000 liv.		
Fraix à répéter des Communautés	1403 liv.	12 ſ.	
Paiements aux Invalides	1140 liv.	6 ſ.	
Eſpeces en caiſſe	121252 liv.		
Effets en porte-feuille	43436 liv.	3 ſ.	2 d.
Total des valeurs de Caiſſe, ci	355206 liv.	14 ſ.	2 d.
CAISSE, ci	339052 liv.	14 ſ.	6 d.
EXCÉDENT appartenant au Comptable,	16153 liv.	19 ſ.	8 d.

L'Aſſemblée, en approuvant unanimement le compte rendu par le Bureau formant la Chambre des comptes, a adopté la maniere en laquelle elle avoit arrêté le compte des exercices de 1784.

Requête de la Communauté de Croquier aux indemnités.

Sur la Requête préſentée par la Communauté de Croquier, qui, par un incendie a eu le malheur de voir le 13 Mars dernier les deux tiers des maiſons du Village réduites en

PROCEZ-VERBAL. 2 Janvier 1786.

cendres, & qui demande que la Province daigne lui accorder les secours que ce déplorable événement la met dans le cas de solliciter auprès de l'Assemblée.

L'Assemblée a délibéré, de commune voix, que la Communauté de Croquier doit être portée sur le rôle des indemnités qui sera arrêté par les Etats, pour une somme de cinq cent livres.

Remboursement de 2000 livres au Sr. Deguilhem.

Les Syndics généraux ont dit à l'Assemblée : Qu'en exécution de la délibération des Etats de 1780, qui a ordonné le remboursement dans six années de la somme de douze mille livres empruntées pour acquitter les dépenses occasionnées par la maladie épizootique, le remboursement du cinquieme sixieme de cet emprunt avoit été effectué, & que par ce moyen la somme capitale actuellement due, est réduite à deux mille livres ; & ils prient l'Assemblée de vouloir ratifier ce remboursement.

Ce qui a été délibéré, de commune voix de l'Assemblée.

Du Vendredi 6 Janvier, du matin.

RAPPORT de la Commiſſion nommée pour examiner les différens projets pour remplacer la Subvention.

M. l'Abbé de Foix, Préſident de la Commiſſion, a dit :

MESSIEURS,

RAPPORT de M. l'Abbé de Foix pour la Commiſſion.

Il y a environ dix-huit ans que vous avez voté, pour la confection des chemins de cette Province, l'établiſſement d'une Subvention ſur le vin. Cet établiſſement a été ſuſpendu pendant ſept ou huit ans. Enfin, le dénuement & le beſoin de moyens vous ayant fait paſſer par deſſus les grands inconvéniens que votre ſageſſe avoit prévus en 1778, vous vous êtes déterminés à confier à un Fermier, ou plutôt aux Communautés elles-mêmes, pour trois ans & pour la ſomme de quarante-huit mille livres, la levée de cet impôt onéreux, qui par les frais de régie, les gains licites des Fermiers ſéparés de ceux moins licites des Cabaretiers, les calculs de fineſſe auxquels il donnoit lieu & les frais des procès qu'il a entraînés, a coûté à-peu-près cinquante mille écus à la Province. Les quarante-huit mille livres du bail ne ſont même pas rentrées dans le temps preſcrit, ni en entier dans le cofre

PROCEZ-VERBAL. 6 Janvier 1786.

de votre Tréforier ; il vous porte encore des reprifes dans fes comptes fur les années de fa durée.

En 1782, fans fufpendre la levée de l'impôt réguliérement, mais dans l'attente d'une décifion, vous avez voulu en connoître le produit. La régie de deux années ne vous a prefque rien produit, parce qu'elle dépend évidemment des vexations que l'on fait éprouver aux contribuables, & auxquelles l'appât du gain peut feule déterminer un Fermier. En 1784, pour éviter quelques abus, vous avez demandé à doubler le droit, fous prétexte qu'il ne feroit pas plus onéreux au contribuable. Vous avez mis un fol d'impofition fur chaque Pot de vin qui fe vend au détail. Par cet ordre, tous les habitans de la Province les plus pauvres, qui l'un dans l'autre confomment à-peu-près un Pot de vin par jour, ont été condamnés à payer trois cent foixante-cinq fols, c'eft-à-dire, dix-huit livres cinq fols de plus par année ; celui-là y a été affujetti qui n'avoit que fes deux bras pour tout revenu, & qui ne payoit pas la dixieme partie de cette fomme pour toutes fes impofitions avant cette nouvelle Subvention d'un genre fi funefte. Le manouvrier, accoutumé à la boiffon qui fait toute fa force, devoit chercher à fe dédommager d'un autre côté, à retrouver fur le prix de fa journée de quoi payer ce nouvel exhauffement furvenu dans celui d'une denrée de premiere néceffité.

Si les propriétaires, les feuls riches, les feuls contribuables, en derniere analyfe il faut l'avouer, les feuls qui fourniffent la ſubſiſtance à ceux qui n'ont pas de poſſeſſions : ſi, dis-je, tous les propriétaires s'étoient abouchés à la même époque pour augmenter d'un ſol par jour (1) la paye du Journalier, celui-ci eût ſupporté ſans être grevé la nouvelle crue ſur le prix du vin ; mais alors, à raiſon de huit mille Journaliers que l'on compte à-peu-près dans la Province, l'impôt eût coûté aux poſſeſſeurs des fonds cent cinquante mille livres. Tout le monde ſe fût apperçu de l'inutilité des moyens détournés. Rien n'eût déguiſé cette vérité eſſentielle, que le poſſeſſeur ſeul eſt obligé de fournir pour celui qui n'a pas ; & l'on eût reconnu ſans peine les vices multipliés d'une Subvention qui coûte en pure perte trois fois plus qu'elle ne rapporte.

L'on eſpéroit par ce moyen garantir l'agriculture, qui dans ce pays a le plus grand beſoin de la protection de l'adminiſtration ; & réellement, d'après ſes vues, les propriétaires devoient ſe ſouſtraire à l'impoſition ; ils en recherchoient les moyens avec autant d'ardeur au moins, & peut-être avec plus d'adreſſe que les Journaliers, qui ſont plus immédiatement dans la dépendance. Durant cette eſpece de combat entre les membres d'une même Province, dans lequel la victoire eſt reſtée indéciſe, & au milieu de cette fermentation générale, il eſt arrivé ce qui doit naturellement arriver dans

(1) Les jours de Fête en dedans ; c'eſt-à-dire, de cinq liards à-peu-près pour les jours ouvrables.

PROCEZ-VERBAL. 6 Janvier 1786.

toutes les révolutions qui ne sont pas ménagées & amenées par le temps ; une grande convulsion devoit mettre la Province en mouvement ; aucun fonds, si je peux le dire, n'étoit affecté pour l'assiette de cette imposition. Tout le prix de la journée étoit déja employé aux nécessités du manouvrier. Le propriétaire ne lui avoit pas encore fourni de quoi subvenir à ce nouveau besoin. Le malheureux ne trouvoit nulle part de quoi satisfaire à sa charge. Il étoit obligé de se refuser à son paiement. Ce refus, suite nécessaire de l'impuissance & de la pauvreté, ne pouvoit être envisagé par l'autorité que comme une rebellion. L'ordre devoit être rétabli : heureusement cela s'est opéré sans punition ; mais du moins ce n'est pas sans nouveaux frais. Ces troubles occasionnés dans la perception, joints à d'autres circonstances, ont engagé le Fermier en 1784, en accordant le resiliement d'un bail qui avoit été cassé par Arrêt du Conseil, à vous demander la permission de compter de Clerc à Maître ; & vous n'avez rien retiré de sa régie, quoique les Particuliers n'aient pas cessé de payer, du moins dans une grande partie de la Province.

De nouveanx Spéculateurs, calculant les facilités qu'ils trouveroient dorénavant dans la perception de l'impôt, ont cru pouvoir vous en offrir jusques à quarante-deux mille liv. (1)

(1) C'est-à-dire 50,000 livres, y compris les 8000 livres d'abonnement pour les Sols pour livre.

par

par an, & d'en payer un terme toujours d'avance. Il y a dix-huit mois qu'ils jouissent : ils en doivent vingt-un ; ils n'en ont encore payé que la valeur de quinze mois (1). Ils ont monté à grands frais une régie immense & très-dispendieuse. Ils ont introduit dans l'intérieur d'une Province libre & franche, une troupe de surveillans tous munis de l'arme la plus dangereuse & la plus cruelle, dont ils peuvent le plus abuser pour servir leur vengeance & toutes leurs passions ; ils verbalisent, & les Parties sont jugées sur la périlleuse parole d'un homme qui n'est connu ici, que parce qu'il y a une place de cinq cent livres à y occuper, & dont les émolumens ne peuvent augmenter que par l'industrie de celui qui la remplit. Deux cent procès ont été engagés : deux cent mille francs ne suffiroient pas pour en payer les frais, si on les jugeoit. Les Fermiers auroient le droit, s'ils gagnoient, de répéter vingt mille livres d'amende. Ils ont excité dans le cœur de la Province un cri qui est devenu général, & qui retentit sur-tout dans l'étendue des montagnes ; & cependant ce Fermier lui-même s'est pourvu, par toute sorte de moyens, pour demander le résiliement de son bail ; & il voudroit bien obtenir aussi la permission de compter de Clerc à Maître.

(1) Si les Fermiers ont payé leur dernier quartier dont ils sont redevables, ce n'est que depuis l'arrêté de compte duquel on part ; & l'on sçait assez que ce n'est que par des considérations étrangeres.

PROCEZ-VERBAL. 6 Janvier 1786.

M. le Commiſſaire du Roi ne s'eſt pas contenté de nous dire, il nous a démontré que cette geſtion, même exempte de tout abus, quand bien même elle n'exciteroit pas l'indignation publique, quand le Roi auroit la bonté de nous exempter du droit des Dix ſols pour livre, ne pourroit jamais coûter moins de cent quarante-quatre mille livres par an ; ce qui feroit, depuis le commencement de l'adminiſtration actuelle, deux cent ſeize mille livres. Et je le répete, MESSIEURS, depuis vingt-un mois vous n'en avez touché que la ſomme de cinquante mille livres, puiſqu'il y en a eu un quart pour Sa Majeſté (1).

Tel eſt, MESSIEURS, l'impôt ſur la conſervation ou deſtruction duquel on vous propoſe de délibérer. Vos Commiſſaires ont eſpéré que vous ne leur ſauriez pas mauvais gré d'avoir preſſenti votre opinion ſur ce point : elle tient de trop près à la bonté de votre cœur, qui leur eſt connu, pour n'avoir pas deviné que vous rejetteriez avec indignation un plan qui a déja excité ce ſentiment dans l'ame de tous vos concitoyens. Déja vous y avez lu la proſcription de cet

(1) Vous ignorez encore ce que vous en retirez. Vous ne pouvez prévoir quel ſera le ſuccès des demandes du Fermier : l'étendue vous en eſt inconnue ; les Officiers de votre Province ſont compromis. Vous-même, peut-être, n'êtes-vous pas exempts d'être attaqués par vos propres Adjudicataires, afin de donner plus de force à leur réclamation.

impôt odieux ; & si quelque regret vous agite en ce moment, c'est celui de ne l'avoir pas condamné d'avance, & de l'avoir laissé introduire au grand détriment de tous les habitans, sans avoir réussi à épargner le cultivateur.

Mais ce n'est pas à d'inutiles regrets que nous devions nous arrêter : il falloit en même temps vous présenter un moyen de réparer cette premiere faute. S'il faut abandonner la Subvention, il ne faut pas abandonner la construction des chemins.

Plusieurs projets ont été proposés pour former ce supplément. Nous allons les mettre sous vos yeux avec autant de brièveté qu'il sera possible, sans nuire à la clarté qui est plus essentielle encore. Nous offrirons d'abord à votre inspection celui de l'établissement d'une dîme, à l'instar de la dîme ecclésiastique. Il doit sa naissance à l'un de vos concitoyens ; dont il atteste du moins la générosité. Si vous appercevez à son adoption les obstacles qui ont échappé à sa sagacité ordinaire, vous remarquerez sur-tout avec quelle facilité il avoit oublié ses propres intérêts ; puisque, d'après ce systême, les grands possesseurs de terres, nobles ou non, étoient les plus grevés.

Un vingtieme des productions de la terre, dit l'Auteur, pris seulement sur les objets déja sujets à la dîme ecclésiastique, & levé avant elle en la même forme, produiroit une somme plus que suffisante pour la perfection des chemins dans un espace assez bref. Nous n'entrerons pas dans le détail de ses

PROCEZ-VERBAL. 6 Janvier 1786.

calculs & de ses appréciations : nous nous contenterons d'objections générales, qui semblent s'opposer à l'acceptation de son plan. Nous lui demanderons pourquoi il a choisi précisément pour faire payer la confection des chemins, le genre des denrées qui déja est grevé d'une imposition très-considérable, la dîme ? Pourquoi il n'a pas voulu, n'a pas préféré une départition plus générale, & par-là même moins sensible ? Nous lui demanderons quel avantage il a cru recueillir de la forme qu'il adopte ? Dès que la somme doit être payée annuellement par les fonds de terre, il importe peu que ce soit par une perception en nature ou en argent, comme accessoire de la taille. Sans doute il ne s'est pas persuadé que les adjudications partielles fussent moins dispendieuses, que la forme aujourd'hui employée pour les deniers royaux. Certainement il n'y a pas un Ecclésiastique, dont on fasse la régie ou ferme à raison de huit deniers pour livre ; leurs Estivandiers gagnent bien davantage, & ne sont pas les mieux payés, parce qu'ils ne courent pas des risques comme les Baillistes.

Un des plus grands inconvéniens, peut-être, en matiere d'administration, est l'incertitude dans la perception. Et combien de nouvelles difficultés n'eût pas fait naître cette nouvelle imposition ! Combien d'efforts n'eût pas fait chaque Communauté, chaque Particulier, pour se soustraire à une surcharge que l'exemption de son voisin lui eût fait paroître encore plus dure ! Combien de demandes en résiliement, de sollicitations pour compter de Clerc à Maître ! Que de plaintes contre les Syndics qui n'eussent pas soutenu les Fermiers ! Ceux-ci auroient passé des baux tout exprès pour exciter des refus & solliciter des indemnités. Ils eussent estimé leur perte comme ils l'auroient voulu ; & ils auroient retenu par leurs mains le prix de leur ferme toute entiere, & eussent jetté la Province dans des Procès dispendieux, dont les Ecclésiastiques sentent aujourd'hui toutes les difficultés, & les inconvéniens. Si ces raisons n'étoient pas plus que suffisantes pour le convaincre, nous lui demanderions encore par quel motif il a voulu épargner l'oisif habitant des Villes, qui devroit payer d'autant plus pour les chemins, qu'ils ne servent qu'à sa commodité & à son agrément ? Pourquoi il n'a pas voulu y faire contribuer le Commerce, auquel il avoue au commencement de son Mémoire, qu'ils sont particuliérement utiles, & dont ils font toute la prospérité ? Toutes les autres objections qu'on pourroit faire contre ce systême militent également contre les deux suivans. Il sera aisé de les leur appliquer : nous ne le répéterons pas.

Les défauts de ce premier plan lui-même ont fait naître, ou plutôt renaître une autre idée plus étendue, plus séduisante, une grande idée d'administration, celle de convertir toutes les impositions actuelles en une dîme royale, qui eût porté indistinctement sur toutes les terres & sur tous les objets décimables ou non de leur nature. Les biens nobles eussent payé

PROCEZ-VERBAL. 6 Janvier 1786.

deux Vingtiemes, peut-être trois, tout comme les roturiers. Et dans ce fonds on se flattoit de trouver de quoi satisfaire le Roi, & de quoi fournir aux impositions locales de la Province. Cette idée est magnifique : elle éloigne entiérement celle de l'arbitraire ; elle rassure le Commerçant, elle tranquillise l'Artisan, elle met le Cultivateur même à l'abri de la contrainte, parce qu'on le fait acquitter sur le champ ; chacun paye à raison de ce qu'il a : cette méthode ménage une espece d'indemnité au propriétaire pour les cas fortuits, parce qu'il ne paye qu'à raison de ce que l'intempérence de la saison lui a laissé. Mais est-il bien vrai que le nouveau régime soit aussi salutaire qu'on le prétend ? Un remede aussi violent peut-il convenir aux forces de la Province ? C'est à vous, MESSIEURS, qu'elles sont parfaitement connues ; c'est à vous que la décision de cet objet intéressant a été soumise.

Vous n'attendez pas de nous, sans doute, que dans un aussi court espace de temps, nous ayons pu discuter mûrement toutes les parties d'un projet aussi vaste dans ses détails, aussi étendu par les branches qui y tiennent, & d'une aussi grande importance par lui-même, & par ceux qui y sont intéressés. Rien n'empêche que vous ne donniez votre confiance à quelques-uns de vos Membres, pour l'examiner avec plus d'attention pendant le cours de l'année, si vous le croyez nécessaire.

Notre but principal a été de répondre à celle que vous

avez bien voulu nous marquer. Peut-être les réflexions qui ont été faites dans la Commiſſion, & celles qu'une brieve diſcuſſion va faire naître dans l'Aſſemblée, vous mettront-elles à portée de décider, ſans un examen qui deviendroit ſuperflu, ſi vous n'étiez pas ſéduits par l'apperçu de ce projet, qui, au premier coup d'œil, vous offre trois ou quatre cents mille livres, ſans payer autre choſe que les trois Vingtiemes de votre bien territorial, en exemptant le manouvrier & l'induſtrieux de toute impoſition.

D'abord, il faut le dépouiller du brillant dont il s'eſt revêtu pour paroître à vos yeux, & vous le montrer ſous ſon vrai point de vue. Cela ſe fera facilement, en réduiſant les termes à leur valeur véritable. Par ces mots, *payer trois vingtiemes*, l'on ne doit pas entendre qu'un propriétaire qui a vingt mille livres de rente, en eſt quitte pour en payer trois, & qu'il en conſerve dix-ſept. Ce n'eſt pas ſur le revenu que doivent ſe prendre les vingtiemes; c'eſt ſur la récolte : & cette différence en opere une prodigieuſe dans les calculs, comme vous allez vous en convaincre par le détail.

Un Propriétaire recueille vingt gerbes : ſon Métayer & lui en payent, de commun accord, deux au Décimateur, s'il n'y a aucun droit d'agrier ni de champart à acquitter; ils ſe contentent d'en donner encore en communauté deux à l'Eſtivandier qui fait la récolte; ils en conſacrent quatre ou cinq pour la ſemence de l'année ſuivante; ils partagent les

PROCEZ-VERBAL. 6 Janvier 1786.

douze qui restent : le Métayer, qui en a toujours eu six de quittes & franches dans ce Pays, qui peut les avoir en Guienne & en Languedoc, aimeroit mieux abandonner la terre, que de la cultiver sans qu'elle lui procure sa subsistance ; & pour éviter une émigration générale, le Propriétaire seroit absolument contraint de lui laisser ses six gerbes accoutumées, & d'assumer sur sa portion le paiement des trois vingtiemes que le Roi lui demande : ce qui réduit sa quote-part à la moitié de son revenu, sans l'exempter des réparations & cas fortuits qui peuvent attaquer ses maisons, ses gerbiers & ses troupeaux. Or si l'on se plaint quelquefois de l'excès des impositions, certes personne encore n'a prétendu qu'elles pussent jamais se porter jusques à la moitié du revenu réel, ni au tiers, ni même à une somme qui en approche.

Je sçais que les amis de l'impôt unique regardent avec indifférence cet accroissement dans les charges du Propriétaire, & veulent l'en dédommager, soit par l'augmentation du prix de leurs denrées, soit par la diminution du prix de la journée & de celle de l'Artisan : le temps, disent-ils, la circulation, les loix de l'équilibre, remédieroient à tout.

Je le veux pour un instant ; mais dans quel espace de temps s'opéreroit cette révolution nécessaire ? Nous ne sommes pas encore sortis de cette crise dangereuse & violente, dans laquelle tous les Membres de la Province s'agitoient pour proportionner le prix des journées à celui de la denrée la plus nécessaire ;

&

& nous lui occasionnerions encore une seconde secousse, à laquelle seule elle n'eût pas résisté, peut-être, dans sa plus grande force. Ce seroit un grand défaut de politique, sans doute, que d'affranchir quelques contribuables, pour transporter leurs charges sur une classe de Propriétaires, dont l'aisance & l'encouragement importent si fort aux progrès & à l'activité de l'agriculture. L'on ne peut imaginer que sur la foi d'une pareille théorie une Administration prudente & sage, comme la vôtre, voulût jamais courir les hazards d'une convulsion dangereuse.

Mais d'ailleurs cette raison, bonne pour un Gouvernement séparé & entiérement isolé, qui n'auroit aucun commerce avec l'étranger, n'est nullement applicable à une petite Province, qui, enclavée dans le Conzerans, le Diocèse de Rieux, celui de Mirepoix, le Pays de Sault & le Roussillon, les avoisine tous d'assez près, pour ne pas donner lieu à des spéculations pour lesquelles on a trouvé la France elle-même trop resserrée, à cause de ses besoins & de son commerce réciproque avec les Nations étrangeres. Si l'on pouvoit détacher le Pays de Foix, ou lui interdire toute relation avec les autres, l'on pourroit y établir facilement tel régime qu'on voudroit. Le prix des denrées n'est que factice, & relatif à la quantité & au besoin. Mais dans les circonstances présentes, l'Artisan, le Manouvrier, le Rentier, délivrés de l'impôt, & tendant perpétuellement à éviter de le payer, même indirectement, à moins d'une prohibition soutenue par une légion d'hommes armés, ne manqueroient pas d'aller se pourvoir chez l'étranger de toutes les denrées que celui-ci peut leur donner à meilleur marché; parce que dans le Conzerans & autres lieux, l'imposition sur la terre n'est pas aussi forte : & bientôt ils contraindroient le Cultivateur de la Comté de Foix à le leur donner à perte, parce que ce seroit eux qui lui feroient la loi. Ainsi cet équilibre prétendu ne pourroit jamais se rétablir, même par le laps de temps le plus considérable.

Nous avons lieu de nous flatter que cette raison évidente acheveroit de convaincre & de détourner de l'exécution de ce projet, celui même qui en est l'inventeur, quelque prévention que l'on ait ordinairement en faveur de son propre ouvrage. Nous avons déja reconnu la sagesse de son esprit, dans le développement qu'il en donne, & sa circonspection dans les doutes qu'il manifeste, & dans la méfiance prudente avec laquelle il marche. Déja il a senti que ce qui étoit très-favorable à un pays, pouvoit devenir très-préjudiciable à un autre, & que les avantages & les désavantages dépendoient toujours des connoissances locales, qui lui manquoient dans cette circonstance. Sans doute, cet ouvrage d'un Auteur qui nous est inconnu, ne peut partir que d'une main habile. En nous déguisant son nom, il n'a pu nous déguiser combien il est versé dans l'administration.

Si ces motifs seuls doivent nous faire desirer de voir la

décision de cette grande affaire entre ses propres mains ; avec combien de confiance ne devrions-nous pas la lui remettre, après avoir reconnu la sensibilité de son cœur, autant que la justesse de son esprit ! Il n'est point de ces Administrateurs indifférents, qui, dédaignant dans tous leurs froids calculs l'opinion & le moral, en confondant ensemble & les hommes & les choses, prétendent les assujettir aux mêmes loix, & les mouvoir par les mêmes ressorts. Il ne croit pas que tout puisse être réparé par cette circulation, qui rend aux uns ce qu'elle enleve aux autres. Il n'a pas perdu de vue la justice distributive, qui est le seul lien des hommes entre eux. Dans ces nouvelles dispositions de finance, il voudroit ménager jusques à ces peines de l'ame, qui naissent de la crainte des privations, de l'incertitude sur l'avenir, & des alarmes qu'inspirent les bouleversemens considérables, soit dans les impôts, soit dans les autres parties essentielles de l'ordre social. Il a reconnu, sans peine, que la confiance & la tranquillité sont un des plus grands bienfaits qu'on puisse attendre des soins du Gouvernement. Et, sur-tout, il ne voudroit pas altérer la vôtre. Il semble qu'il auroit voulu pouvoir calmer vos craintes, qu'il avoit prévues. Nous ne faisons ici que vous rendre ses propres sentimens : nous nous plairons à vous en répéter les expressions.

Au reste, ce projet bien démontré, impossible dans l'exécution, ne rassemble pas tous les avantages qu'on s'en étoit

PROCEZ-VERBAL. 6 Janvier 1786.

promis. L'on avoit pris ſeulement une baſe fautive pour les calculs; & il faudroit évidemment diminuer le produit d'un dixieme, puiſqu'on avoit ſuppoſé le paiement des vingtiemes royaux avant celui de la dixme ordinaire, & que la juſtice de Sa Majeſté ne lui eût pas permis de faire contribuer les Eccléſiaſtiques deux fois aux charges publiques : 1°. par la ſouſtraction des trois vingtiemes, de toute leur recette ſans déduction des charges, & une ſeconde fois par le paiement de leurs décimes. Nous ne faiſons mention de cette objection, que pour que vous ne ſoyez pas trompés ſur l'apperçu; parce qu'il eût été facile de ne faire payer les vingtiemes qu'après la dixme. Mais ce n'eſt pas au dixieme qu'il eût fallu borner ce retranchement. Bientôt ſon anéantiſſement eût été entraîné par l'anéantiſſement total de l'agriculture, les productions du Pays ne pouvant plus ſoutenir la concurrence du prix avec les denrées étrangeres, à l'importation deſquelles les chemins vont fournir de nouvelles facilités, au grand avantage de l'induſtrieux, qui cependant, ſuivant ce ſyſtême, ſeroit entiérement exempt d'y contribuer.

Le protecteur du projet, frappé de cette derniere injuſtice, réduit à l'impoſſibilité de ſoutenir plus long-temps l'unicité (s'il eſt permis de s'exprimer ainſi) l'unicité de l'impôt territorial, mais ayant de la peine à y renoncer entiérement, a cru pouvoir la réparer, & ne fait qu'en maſquer les vices, en vous propoſant de continuer les impoſitions ſur les non-possesseurs des fonds, telles qu'elles sont aujourd'hui; & en convertissant la taille actuelle & l'imposition pour les chemins, en un paiement de dixme un peu moins forte, mais telle qu'elle étoit d'abord proposée en nature. Outre qu'elle n'assujettit pas encore au paiement tous ceux qui profitent des chemins, ainsi que la raison paroît l'exiger; outre qu'elle tombe entiérement sur les terres que l'on auroit au contraire voulu garantir, nous n'avons pu voir en quoi pouvoit consister l'avantage de cette conversion : car elle ne remédie pas à l'arbitraire qu'on reproche, avec raison, comme le plus grand inconvénient de la capitation. Elle ne diminue pas la charge des contribuables; car un paiement fait en argent ou en denrées, ne différencie pas une contribution : cent mille écus retranchés à la recette, ou cent mille écus payés sur la recette, sont absolument la même chose; il n'y a que les frais de collecte qui puissent soulager les contribuables : & certes, il n'y a pas de levée qui soit plus économique que celle du Pays de Foix : un Fermier ne se contenteroit pas du modique gain de huit deniers pour livre, & feroit payer largement au contribuable le mince agrément qu'il auroit, il est vrai, de proportionner sa contribution à sa récolte. La quête seule de la dixme est exorbitamment chere. Il faut avoir une multitude d'Estivandiers, auxquels on donne le huitieme de leur perception, pour surveiller le décimable, charrier la récolte, la battre, & purger le grain; tandis qu'au contraire

PROCEZ-VERBAL. 6 Janvier 1786.

un ſeul homme fait commodément dans ſa Communauté la collecte de tous les deniers royaux & provinciaux, ſans même être diſtrait par ce ſoin de ſes occupations ordinaires. L'on fait beaucoup valoir la délivrance des contraintes & des garniſons, que le contribuable eſt obligé de ſupporter pour le paiement de ſa taille. Les impoſitions actuelles s'élevent très-haut, à cauſe des anciens arrérages que la Comté doit encore; & cette année il n'y en a pas eu pour quinze cent livres dans toutes les Communautés. Et croit-on que cette nouvelle ſorte d'impôt fût payée volontiers par le contribuable ? Penſe-t-on que l'on ne chercheroit pas à s'y dérober, & que la levée s'en fît ſans difficulté, ſans punition, ſoit contre le décimable, ſoit contre le fermier ? Ce ſeroit avec un véritable regret, ſur-tout, que les propriétaires ſe verroient contraints de ſe dépouiller de leurs pailles, ſur le relâchement deſquelles ils font entendre perpétuellement leurs réclamations vis-à-vis des Eccléſiaſtiques, & dont la perte ſeroit vraiment nuiſible à l'agriculture.

La répartition ſeroit plus égale, dit-on encore, & chacun contribueroit dans la relation de ce qu'il auroit : mais pour être plus égale elle n'en ſeroit pas plus juſte. Quoi ! parce que par mon induſtrie j'aurai bien ſervi la Patrie ; parce que par un travail redoublé, dont j'aurois pu tirer un ſalaire ſur la terre d'autrui, j'aurai forcé un terrein ingrat de ſa nature à me rendre une double récolte ; il ne me ſuffira pas d'avoir renoncé à un gain étranger ; il faudra encore que je contribue doublement à la charge publique ; & l'on me forcera d'avoir regret à mon travail & à des soins, dont ma Patrie devroit me témoigner sa reconnoissance ! C'est un systême propre à énerver le courage, à étouffer toute émulation ; c'est un systême qui ne peut s'attirer que la proscription de la part de tout bon citoyen.

La contribution sera plus égale ; mais n'ai-je pas acheté ma terre à raison de l'inégalité de cette contribution ? La dot que j'ai reçue ne m'a-t-elle pas été donnée en conséquence ? Les compositions patrimoniales n'ont-elles pas été faites d'après ces rapports, sur la solidité desquels nous avons tous dû compter ? Je sçais que la refaction d'un nouveau Cadastre pourroit détruire une partie des relations dont j'ai parlé ; mais il n'est pas démontré que la renovation d'un Cadastre n'entraîne pas beaucoup d'injustices partielles. N'augmentons pas les moyens d'en commettre. Et puis, l'on a compté, ou l'on a dû compter, sur la possibilité d'un nouveau Cadastre ; & personne, depuis le temps qu'on repousse en France l'idée d'une dîme générale, n'a pu croire qu'elle seroit proposée de nouveau dans cette seule Province. Un Cadastre, d'ailleurs, ne peut se faire que très-lentement : il est annoncé de loin ; l'on commence par les Communautés évidemment les plus mal allivrées. Quel bon Administrateur a jamais pensé à produire dans les possessions une révolution

PROCEZ-VERBAL.
6 Janvier 1786.

subite comme celle qu'entraîneroit l'établissement d'une perception par-tout proportionnement à la récolte?

La départition seroit plus égale ; mais est-il juste que celui qui a acquis à prix d'argent la nobilité de sa terre, qui paye encore de son sang les charges de l'Etat, soit assujetti de nouveau à toutes celles qui ne sont jamais tombées sur les privilégiés ? Par l'établissement d'une dîme royale, il n'y auroit plus de distinction entr'elles. La terre possédée en roture payeroit, par la dîme, la représentation des Vingtiémes, de la Taille & de la Capitation de son propriétaire. La terre noble, en payant la même dîme, payeroit donc aussi pour son propriétaire la Capitation, les Vingtiemes & la Taille.

L'on veut assujettir à la même quotité toutes les productions de la terre ; & les Troupeaux, les Bois, n'y seroient pas exempts non-plus de cette même sujétion ; & les Fers de la Comté de Foix ne peuvent déja plus, vu la cherté & la rareté des Bois, soutenir la concurrence avec les Fers étrangers. Combien d'objections n'offriroit pas cette derniere partie du plan proposé, s'il avoit encore besoin de nouveaux motifs de rejection, & s'il n'étoit entiérement détruit par lui-même !

A ces trois premiers objets en a succedé un quatrieme, que M. le Commissaire du Roi nous a présenté de la part du Ministre : il consiste à faire acheter & distribuer par la Province du sel de Peccais, qui lui sera livré par la Ferme générale au au prix de quatre livres neuf sols, & vendu par elle aux Particuliers pour dix livres le minot. Ce plan a déja été envoyé & examiné, ainsi que plusieurs autres, par la Commission à laquelle vous aviez donné vos ordres & votre confiance à ce sujet. Il y a été pesé & balancé avec la plus scrupuleuse exactitude. Il va vous être rendu compte de ses opérations. Vous y verrez que l'auteur du projet avoit été trompé sur le prix du sel actuel, sur celui du sel futur, sur la possibilité de sa distribution; & que loin de gagner sur cet objet soixante mille livres, sans augmenter le prix du sel dans la Province, les frais d'emmagasinage, de garde, de régie, d'avances à faire, de déperditions, &c. finiroient peut-être par lui rendre à charge cette concession, qui lui auroit été faite par une marque signalée de la protection de son Souverain.

Malgré le Procès-verbal & le rendu compte de la Commission intermédiaire, l'on a cru qu'il étoit nécessaire de communiquer ce projet aux Etats. Il vous a été rapporté par M. le Commissaire du Roi, qui, toujours également animé pour le bien de la Province, desireroit en voir consolider la base. Jaloux comme vous, & plus que vous peut-être, de vos privileges, qu'il est plus spécialement chargé de conserver, par-là même qu'il est plus à portée de les faire valoir, & qu'il craindroit qu'on ne lui en imputât la perte; il nous a promis, au nom sacré du Roi notre maître, que jamais on ne donneroit

PROCEZ-VERBAL. 6 Janvier 1786.

à la vente du ſel de la Ferme, un privilege excluſif ; & que toujours tous les autres ſels marchands pourroient entrer en concurrence avec celui de Peccais. Raſſurés entiérement par une parole auſſi ſainte, nous avons perdu de vue toutes craintes, ſi ce n'eſt celle, très-légitime, de ruiner la Province par des avances qui ne lui rapporteroient jamais aucune eſpece d'intérêt, parce qu'elle ne pourroit pas vendre le ſel, prix commun, au deſſus de huit livres ; & que le tranſport dans les différents lieux éloignés de Pamiers, joint aux fraix, le feroit élever au moins à ce prix, y compris le déchet.

Mais la vérité de nos calculs n'a pas été un motif ſuffiſant, pour nous permettre d'inſiſter plus long-temps que ne le permettoit le reſpect que nous devons au caractere dont eſt revêtu M. le Commiſſaire. Nous avons cru devoir lui propoſer, ſous votre bon plaiſir, de retrocéder à un Particulier le privilege dont Sa Majeſté veut bien nous favoriſer. En tout état de cauſe, une Adminiſtration de Province ne peut pas ſe charger d'une régie qui exigeroit, comme celle-là, des ſoins & une ſurveillance perpétuelle ; ainſi il lui faudroit néceſſairement un Fermier. Nous lui avons propoſé, dis-je, de céder, au plus offrant & dernier enchériſſeur, le privilege que l'on veut bien nous accorder, de prendre le ſel au prix que la Ferme générale le vendroit à Pamiers, c'eſt-à-dire, à quatre livres neuf ſols ; ſans cependant que la Province puiſſe jamais être garante de ce prix. Le Fermier particulier demandera au Fermier général la quantité qu'il en voudra, celui-ci fera payer comptant, ou ils conviendront ensemble du temps du paiement, sans que jamais la Province puisse être garant ni de l'un ni de l'autre, dans quelque cas que ce soit, ni ne puisse entrer dans le Traité, que pour recevoir le prix de la cession qu'elle fera, pour un temps donné de son privilege. Il n'y aura aucune espece de réglement ni aucun prix fixé. Le sel étant objet de marchandise dans ce Pays, le Fermier le vendra aussi cher qu'il pourra. La nature de celui de Peccais étant bien supérieur, les consommateurs lui donneront, sans doute, la préférence, même à un prix plus élevé.

Il est évident que les droits de la Ferme générale restent entiers. Il est encore plus évident que si le débit du sel de Peccais, sans privilege & en concurrence avec les autres, est d'un grand avantage pour la Province, il sera aussi très-avantageux pour le Particulier qui sera en son lieu & place. La bienfaisance de Sa Majesté aura tout son effet, parce que l'on peut aisément s'en reposer sur l'intérêt personnel, & s'en rapporter aux combinaisons de divers Spéculateurs, qui se présenteront en foule, attirés par l'appât d'un gain aussi facile, aussi légitime & aussi considérable. Dès le second bail, le prix de la Ferme sera certainement porté à sa plus haute valeur.

La Commission, procédant toujours en vertu de vos ordres, a cru que cette façon d'accepter l'introduction du sel de la

PROCEZ-VERBAL.
6 Janvier 1786.

Ferme, (qu'au ſurplus vous ne feriez pas libres d'empêcher, quand on ne vous payeroit aucun droit pour ſon entrée) ne pouvoit pas la diſpenſer d'examiner les autres projets qui lui feroient préſentés. Elle a abandonné ces ſyſtêmes éblouiſſans, qui répandent le trouble & la défiance, pour en chercher d'autres ſuſceptibles d'exécution, & un peu plus aſſortis à nos mœurs, à nos habitudes, ſi l'on veut même, à nos préjugés, qui ne ſont pas toujours des erreurs. Cette marche lui a paru la ſeule qui pût vous rapprocher du but que vous vous propoſez.

Nous avons, à l'exemple de la Commiſſion intermédiaire, donné l'excluſion à tous les projets qui pouvoient interrompre le commerce & nuire à ſa liberté, qui en eſt la vie. Nous n'avons pas cru devoir admettre non-plus ceux qui affectoient particuliérement une denrée, pour lui faire ſupporter toute l'impoſition. Nous n'avons pas cru que les poſſeſſeurs des vignes fuſſent plus intéreſſés que les autres à la confection des chemins. L'on a remarqué au contraire qu'ils étoient, peut-être, les ſeuls à qui ils pouvoient devenir nuiſibles, parce qu'il entre beaucoup, & au contraire ne ſort point de vin de la Province : la concurrence de l'étranger nuit au prix de leurs denrées ; & la facilité des tranſports renchérit celles qu'ils ſont obligés de ſe procurer.

L'on a fait lecture d'un projet qui tend à mettre une impoſition conſidérable, au marc la livre des droits réſervés.

Il étoit fondé sur ce prétexte, que par ce moyen chaque tête y contribueroit, parce que personne n'en est exempt. Un mot l'a renversé de fond en comble; & ce n'est pas la crainte qu'il pouvoit inspirer. Les droits réservés sont inégalement distribués sur les Villes; celles-ci sont & doivent être beaucoup plus chargées que les Communautés de la campagne, parce que cette imposition les concerne plus particuliérement. Il n'en est pas de même des chemins, qui sont utiles à tous, & à la charge de tous. Les droits réservés ne pouvoient donc pas servir de base pour l'assiette de l'imposition destinée aux voies publiques.

Pour la distribuer le plus généralement qu'il étoit possible, & empêcher que personne ne pût y échapper, nul moyen n'a paru plus juste, plus naturel, plus simple, moins onéreux & moins dispendieux, que de répartir quarante mille livres en forme d'accessoires & par accroissement sur les impositions déja établies des Vingtiemes & de la Capitation. La seule question qui ait fait difficulté, a été de savoir si l'on feroit ou si l'on ne feroit pas un emprunt considérable. La Commission eût desiré que l'on pût se dispenser de payer des intérêts, qui paroissent toujours une charge d'autant plus dure au contribuable, qu'il oublie facilement le bien que lui a procuré l'emprunt. Mais, considérant le grand avantage qui doit résulter de la construction prompte des voies publiques, ayant égard sur-tout à la position actuelle de la Province,

PROCEZ-VERBAL. 6 Janvier 1786.

n'a pu s'empêcher de voter pour former un emprunt de soixante mille livres, dont le remboursement seroit opéré d'une maniere douce & presque insensible.

La Province, en effet, voit ses ouvrages entrepris & suspendus à leur détriment, par l'in-stabilité des fonds qui leur étoient affectés, & qui dépendent aujourd'hui du succès d'une affaire contentieuse. Elle ignore combien de temps doit durer encore le subside dont elle a voté l'anéantissement. Elle ne peut même asseoir un jugement bien solide sur le produit de cette imposition : tout est incertitude pour elle, hors la nécessité de ses chemins ; car elle ne peut se promettre d'être autorisée à faire une nouvelle imposition, tant que durera celle-ci ; & le jugement qui doit l'abroger restera, peut-être, suspendu long-temps encore après la tenue de la Chambre des Cottises. Enfin, quand bien même elle pourroit se flatter d'obtenir l'agrément de Sa Majesté, pour former dès ce moment une imposition dont l'étendue répondroit à celle de ses besoins momentanés, on ne peut se dissimuler qu'en sortant d'une crise aussi violente que celle qu'elle vient d'éprouver, un repos d'une année lui étoit absolument nécessaire, & qu'elle seroit plus en état de fournir aux frais des ouvrages publics, qui cependant ne peuvent supporter eux-mêmes aucune interruption.

Ces différentes considérations ont donné lieu d'espérer que Sa Majesté ne refuseroit pas son consentement à la proposition qui lui feroit faite, d'un emprunt peu confidérable pour la continuation des routes publiques, pourvu qu'on lui offrît des fonds affurés pour en opérer le rembourfement dans un efpace de temps affez borné, & cependant proportionné aux forces de la Province. C'eft ce qui a déterminé la Commiffion à ne propofer de commencer ce rembourfement, qu'après que l'on aura perfectionné les chemins les plus abfolument néceffaires, dont la confection rendra évidemment un intérêt bien au deffus de celui que pourra coûter l'emprunt ; c'eft-à-dire, en 1793, pour être entiérement terminé en 1798, à raifon de dix mille livres par année.

Ainfi, en fe réfumant, la Commiffion eft d'avis : Que les Etats doivent fupplier Sa Majefté de vouloir bien détruire, par un Arrêt de fon Confeil, la Subvention fur le vin dans le Pays de Foix, auffi-tôt après l'expiration ou la réfiliation du bail actuel ; de vouloir bien auffi perdre de vue l'établiffement de toute efpece d'impôt territorial en nature : Que les Etats doivent également repouffer, d'hors & déja, tous projets qui tendroient à rejetter fur les vignes ou fur le vin étranger ou indigène, l'impôt qui doit fervir à la conftruction des chemins : Qu'ils ne peuvent accepter celui qui vouloit le former au marc la livre des droits réfervés : Qu'ils doivent fupplier Sa Majefté de leur permettre de former, auffi-tôt après la réfiliation du bail de la Subvention, un emprunt d'une fomme de foixante mille livres : Que quant au privilege que

PROCEZ-VERBAL. 6 Janvier 1786.

Sa Majesté veut bien leur concéder, de faire venir du sel de Peccais, vu l'impossibilité de l'exercer par eux-mêmes, ils ne peuvent qu'en faire la cession à un Particulier, qui se portera en qualité de Fermier, pour le débiter concurremment avec tous les sels que l'on a coutume d'introduire ou de fabriquer dans la Province. Et vu l'incertitude du produit de cette concession, déterminer cependant pour l'année 1787 & suivantes, une imposition de quarante mille livres, à répartir au marc la livre du principal des deux premiers Vingtiemes & de la Capitation : savoir, sur les Vingtiemes, la somme de

& sur la Capitation, la somme de

pour cette somme annuelle servir à la confection des Routes, aux intérêts & au remboursement du principal de l'emprunt, selon le Tableau suivant, sauf à diminuer ladite imposition de toute la somme que pourra rendre le bail du sel de Peccais, s'il y a lieu.

Depuis 1787 jusques en 1792 inclusivement, l'on distraira pour les intérêts de l'emprunt de soixante mille livres, mille écus chaque année, ci . . . . 3000 liv.

Et l'on emploiera en constructions d'ouvrages publics, trente-sept mille livres, ci . . . . . 37000 liv.

Et ainsi sera continué jusques en 1792.

En 1793, on distraira pour les mêmes intérêts trois mille livres, ci. . . . . 3000 liv.

L'on

PROCEZ-VERBAL. 6 Janvier 1786.

L'on rembourfera aux prêteurs dix mille livres, ci. . . . . 10000 liv.

Et l'on emploiera en pareilles conftructions feulement vingt-fept mille livres, ci. . . . . . . 27000 liv.

Et ainfi de fuite, en rapportant toujours fur les ouvrages publics la fomme de cinq cent livres, dont la Province aura bénéficié chaque année, par la diminution des intérêts jufqu'en 1798, époque de la libération totale, à laquelle la fomme pourra être employée toute entiere à la perfection des routes, & fur-tout à celle des ouvrages d'art, que nous ne pouvons pas efpérer de voir terminer auffi promptement.

Délibéré fur le dire de M. l'Abbé de Foix.

De commune voix de l'Affemblée, la délibération fur le rapport de M. l'Abbé de Foix a été renvoyée à demain, fept du courant, heure de dix du matin.

Du Samedi 7 Janvier, du matin.

PROCEZ-VERBAL. 7 Janvier 1786.

MONSEIGNEUR L'ÉVÊQUE DE PAMIERS, Préfident.

LECTURE faite de nouveau du Rapport de la Commiffion :

Délibéré fur la deftruction de la Subvention.

A la pluralité des voix, il a été délibéré que Sa Majefté fera fuppliée de vouloir bien détruire par un Arrêt de fon

PROCEZ-VERBAL. 7 Janvier 1786.

Conſeil, la Subvention établie ſur le Vin dans le Pays de Foix, auſſi-tôt après l'expiration ou la réſiliation du bail actuel: de vouloir bien auſſi perdre de vue l'établiſſement de toute eſpece d'impôt territorial en nature: que tous projets tendans à rejetter ſur les vignes, ou ſur le vin étranger ou indigène, l'impôt qui doit ſervir à la conſtruction des chemins, ſont d'hors & déja rejetés, ainſi que le projet de le former au marc la livre des droits réſervés: que pour remplacer la Subvention, vu que les différents projets dont l'examen a été fait n'aſſurent pas les avantages qu'ils sembloieut promettre, il a été délibéré d'adopter purement & ſimplement, excluſivement à tout autre, une impoſition de quarante mille livres, à départir ſur les deux premiers Vingtiemes & la Capitation, au marc la livre de ces deux impoſitions: qu'en conſéquence, Sa Majeſté ſera très-humblement ſuppliée de permettre l'impoſition de ladite ſomme, en la forme ci-deſſus dite, pour commencer à être impoſée en l'année 1787, pour le montant en être employé à la conſtruction des chemins.

Emprunt de 60,000 livres.

Délibéré en outre, qu'au cas le réſiliement du bail de la Subvention ſoit prononcé la préſente année, les Syndics généraux ſeront autoriſés à ſe pourvoir pardevant Sa Majeſté, en ſon Conſeil, à l'effet d'obtenir la permiſſion d'emprunter une ſomme de ſoixante mille livres, au denier vingt, ſans retenue des vingtiemes, pour être employée aux travaux publics; affectant d'hors & déja ladite ſomme de quarante mille livres pour le paiement des intérêts & le rembourfement de l'emprunt, fuivant le tableau ci-joint.

Depuis 1787, jufqu'en 1792 inclufivement, on diftraira trois mille livres pour les intérêts de l'emprunt de foixante mille livres, & l'on emploiera en conftructions d'ouvrages publics trente-fept mille livres, à laquelle on joindra l'impofition de la fomme de douze mille livres faite fur les fonds de terre; & ainfi fera continué jufqu'en 1793.

A cette époque on diftraira pour les intérêts trois mille livres, on rembourfera aux prêteurs dix mille livres, & l'on emploiera à la conftruction des chemins vingt-fept mille livres & l'impofition fur les fonds de terre, & ainfi de fuite; en rapportant toujours fur les ouvrages publics la fomme de cinq cent livres, dont la Province aura bénéficié chaque année, par la diminution des intérêts jufqu'en 1798, époque de la libération totale, à laquelle la fomme fera employée toute entiere à la perfection des routes, & fur-tout à celle des ouvrages d'art.

MM. de Braffac & de Pradieres ont dit :

Les diffentions que le doublement de la Subvention ont fait naître, l'immenfité des procès auxquels cet établiffement a donné lieu, ayant déterminé les Membres des différentes Commiffions à voter pour l'anéantiffement de ce droit, tous les Ordres des Etats fe font réunis à penfer qu'une impofition en argent, départie au marc la livre des vingtiemes & de la

PROCEZ-VERBAL.
7 Janvier 1786.

capitation, étoit l'impôt le plus juſte, le plus égal, le plus facile dans la perception, & le moins ſujet à des frais de levée.

Contribution de la Nobleſſe aux chemins.

Quoique l'Ordre de la Nobleſſe ſoit exempt, par ſes privileges, de toute contribution pour les ouvrages publics, & que M. de Pradieres & moi ayons été chargés par ce Corps de défendre ce privilege contre les prétentions contraires du Tiers-Etat; cependant, dans la vue de donner une preuve de ſon attachement à la Province, vu la néceſſité de faire des chemins, la majeure partie des Membres de la Nobleſſe nous ont paru deſirer d'offrir volontairement, ſans préjudice de ſes droits, pour la faction des chemins ſeulement & les ouvrages d'art, de contribuer pendant douze ans à la nouvelle impoſition, dans la proportionnelle des mêmes impoſitions avec celles du Tiers-Etat. Ils eſperent que ce ſacrifice ne ſervira qu'à reſſerrer les liens qui attachent tous les Ordres des Etats les uns aux autres, & augmenter, s'il eſt poſſible, dans tous les cœurs l'amour du Prince & l'amour de la Patrie.

Sur l'offre faite par MM. de Braſſac & de Pradieres, l'Aſſemblée entrée en délibération,

L'offre a été faite & reçue à la pluralité des ſuffrages, le Tiers-Etat ayant été d'avis d'accepter l'offre de MM. de la Nobleſſe avec reconnoiſſance, ſans entendre préjudicier aux droits reſpectifs des deux Ordres, ni à l'inſtance pendante.

Invitation du Clergé à contribuer aux chemins.

De plus, à la pluralité des voix, il a été délibéré que le

Clergé sera invité de contribuer à la construction des grandes routes, pour une somme proportionnée à l'avantage qu'il doit en retirer. Et au cas de refus, ce qu'on n'ose soupçonner, il sera adressé un Mémoire au Roi, dans lequel on exposera, 1°. l'état actuel de la Province, & les sommes énormes que la construction des grandes routes doit coûter; 2°. l'état de tous les revenus ecclésiastiques de la Province; 3°. de supplier Sa Majesté, d'engager ce premier Ordre de l'Etat à nous donner une somme qui servira autant pour l'avantage du Clergé que pour celui des deux autres Ordres, les avantages provenant de l'établissement des routes & chemins publics étant communs à tous.

Dudit jour Samedi 7 Janvier, du relevée.

MONSEIGNEUR L'ÉVÊQUE DE PAMIERS, Président.

Requête des Communautés de Durban & autres.

LES Communautés de Durban, Castelnau & le Mas-d'Azil, exposent qu'il y a un très-mauvais passage au lieu appellé *Cabes*, & demandent que le Directeur des Travaux publics soit chargé d'aller tracer & piqueter ce chemin au bas de la montée de *Cabes*, offrant lesdites Communautés de faire ce chemin à leurs frais & dépens.

La Commission est d'avis que l'Ingénieur aille tracer &

PROCEZ-VERBAL. 7 Jânvier 1786.

piqueter ledit chemin au lieu indiqué par lesdites Communautés, afin qu'ils puissent le faire à leurs dépens, selon leur offre.

Ce qui a été ainsi délibéré de commune voix de l'Assemblée.

Requête de la Communauté d'Arnave.

La Communauté d'Arnave demande que, attendu que les Entrepreneurs chargés de la construction du chemin de Tarascon à Foix, ont détruit le chemin qui conduit d'Arnave à Tarascon, par l'extraction des matériaux, le Directeur des travaux publics trace & fasse piqueter un nouveau chemin, pour aboutir audit lieu d'Arnave; offrant ladite Communauté de le faire à ses frais.

La Commission, de voix unanime, croit qu'on ne peut refuser l'offre de la Communauté d'Arnave; & qu'en conséquence le Directeur des travaux publics piquetera & tracera ledit chemin, & sera exécuté d'autorité de la Province.

Ce qui a été ainsi délibéré de commune voix de l'Assemblée.

Requête de Varilhes.

Plusieurs Particuliers de la Ville de Varilhes exposent, qu'il est nécessaire de substituer au dos-d'âne de gravier que l'on a pratiqué aux rues *du Four* & *de Notre-Dame*, un pavé qui est absolument nécessaire pour l'écoulement des eaux; offrant lesdits Particuliers de fournir les matériaux nécessaires pour la construction de ce pavé, & de l'entretenir dans les suites.

La Commiſſion penſe que d'après l'offre deſdits Particuliers, le pavé demandé doit être conſtruit aux frais & dépens de la Province ; à la charge par leſdits Particuliers de fournir les matériaux néceſſaires pour ladite conſtruction, & de l'entrenir dans la ſuite, puiſqu'il a été détruit par l'établiſſement du nouveau chemin.

Et ainſi a été délibéré, de commune voix de l'Aſſemblée.

Requête de Doumenc de Saverdun.

Le nommé Claude Doumenc, habitant de Saverdun, demande, vu que par la conſtruction du chemin on a enterré à demi ſa maiſon, & que le mur de terre qui la ſupporte ne peut plus réſiſter au poids que le chemin occaſionne, qu'il ſoit le bon plaiſir des Etats de faire vérifier l'état des choſes ; & vu ſa pauvreté, de lui accorder quelque petite ſomme, pour qu'il puiſſe faire rétablir ledit mur.

La Commiſſion, de commune voix, croit que les Etats doivent délibérer que l'Ingénieur ſe tranſportera dans la ville de Saverdun, afin de vérifier les faits contenus en ladite Requête, pour par lui rapporter ſon verbal à la Commiſſion des chemins, qui ſtatuera ce que de raiſon.

Requête de Gourbit.

Les Conſuls & Communauté de Gourbit demandent que le chemin de Gourbit & Rabat ſoit piqueté par le Directeur des travaux publics, ſous leur offre de faire ledit chemin à leurs fraix, quoique dans le territoire de Rabat, depuis le pont juſqu'à Gourbit.

La Commiſſion, de voix unanime, croit que le Directeur

PROCEZ-VERBAL. 7 Janvier 1786.

des travaux publics doit être chargé de faire ledit piquetement ; & demeurant l'offre de ladite Communauté, qu'il doit être travaillé à l'exécution dudit piquetement sous l'autorité des Etats, vu la nécessité urgente de construire ledit chemin. Et ainsi il a été délibéré, de commune voix de l'Assemblée.

Requête de Gaston.

Gaston de Saint-Ybars demande une indemnité à raison des dégradations faites sur une de ses pieces de terre, par l'établissement du grand chemin.

La Commission pense qu'il n'y a lieu de statuer sur la demande dudit Gaston. Et ainsi il a été délibéré, de commune voix de l'Assemblée.

Requête de Massat.

La Communauté de Massat demande l'ouverture d'un chemin de Tarascon à Massat, passant par Saurat & Col de Port.

La Commission, vu la connoissance qu'ont eue MM. les Commissaires de l'état de locaux, l'impossibilité de faire un chemin à moins d'y employer des sommes immenses, croit que les Etats doivent renvoyer l'exécution du projet à un temps plus heureux, & conformément à la délibération des Etats de 1783. Ainsi a été délibéré de commune voix de l'Assemblée.

Requête du Maire de Saint-Ybars.

Le Maire de Saint-Ybars demande la construction d'un chemin de Saint-Ybars à Lézat.

La Commission, vu que les fonds faits pour l'année sont destinés à la perfection des grandes routes de Saverdun à Ax, à suivre les routes déja commencées, croit que les Etats doivent délibérer que la partie du chemin réclamé par la Communauté de Saint-Ybars, doit être renvoyée à l'année prochaine. Ce qui a été ainſi délibéré, de commune voix de l'Aſſemblée.

Autre Requête du Maire de Saint-Ybars.

Le Maire de Saint-Ybars demande qu'il plaiſe à l'Aſſemblée d'autoriſer MM. les Commiſſaires des chemins, d'adjuger la partie de chemin qui concerne la Province, ſituée entre le Languedoc & Lezat, pour profiter de la route que le Languedoc fait pour aller à Toulouſe; & ce, ſur les plan & devis qui ſeront dreſſés par le Directeur des travaux publics; offrant, pour ſa Communauté, de faire l'avance du prix de cette conſtruction, à la charge d'en être rembourſée dans trois ans: ſavoir, le premier tiers en 1787: ainſi ſucceſſivement.

La Commiſſion croit que l'offre que la Communauté de Saint-Ybars fait par ſon Député, doit être acceptée. Ainſi a été délibéré, de commune voix de l'Aſſemblée.

Requête de la Dlle. Sabatier.

La Dlle. Sabatier de Montgailhard demande qu'il lui ſoit pourvu d'une indemnité de deux mille livres, tant pour le terrein qu'elle a fourni pour le chemin de Montgailhard, qu'à raiſon de la démolition du mur de ſon enclos.

La Commiſſion, de commune voix, croit que les Etats doivent charger le Directeur des travaux publics de faire le toiſé des murs qui ont été démolis, & que le toiſé deſdits murs lui ſera payé à raiſon de ſix livres: qu'il doit en outre être déclaré qu'il n'y a lieu de ſtatuer ſur l'indemnité demandée,

PROCEZ-VERBAL. 7 Janvier 1786.

à raiſon de la fourniture du terrein. Ainſi a été délibéré, de commune voix de l'Aſſemblée.

Requête de Fournex.

La Communauté de Fournex demande un embranchement, pour aller de Fournex & de Daumazan à Touars.

La Commiſſion croit que les Etats ne peuvent ſtatuer ſur ladite demande, juſques à ce qu'il ſoit fait un fonds pour les chemins de traverſe. Ainſi a été délibéré, de commune voix de l'Aſſemblée.

Requête de Verniolle.

La Communauté de Verniolle demande que les chemins de traverſe qui conduiſent de Verniolle à Pamiers, à Varilhes & à Mirepoix, ſoient réparés, pour pouvoir ouvrir des débouchés faciles pour le tranſport de ſes denrées.

La Commiſſion, à la pluralité des voix, croit que les Etats doivent délibérer n'y avoir lieu de ſtatuer ſur ladite demande, attendu qu'il n'y a pas des fonds pour les chemins de traverſe : que les Communautés doivent être tenues de faire chacune les chemins de traverſe de leur Juriſdiction. Et ainſi il a été délibéré, de commune voix de l'Aſſemblée.

Requête de Madame de Carrere.

La Dame de Carrere ſe plaint de ce que le pont que l'on vient de conſtruire à Montgailhard nuit à ſon moulin : que les excavations qui ont été faites ne peuvent que porter préjudice à la chauſſée ; en conſéquence, elle demande qu'il ſoit ordonné à l'Entrepreneur de faire toutes les réparations néceſſaires.

La Commiſſion, de commune voix, croit que M. Eſtebe,

Commiſſaire des chemins, & l'un des Syndics généraux, doivent être chargés de ſe tranſporter ſur les lieux avec le Directeur des travaux publics, pour vérifier les objets contenus en ladite Requête, en dreſſer procès-verbal, qui devra être rapporté à la premiere Commiſſion des chemins qui ſe tiendra, pour par elle y être ſtatué.

A la pluralité des ſuffrages, il a été délibéré conformément à l'avis de la Commiſſion.

Requête de Bouan.

La Communauté de Bouan prie les Etats, vu combien la plaine dudit lieu & celle de Sinſac eſt précieuſe, d'ordonner que le chemin ſera tracé aux moindres fraix poſſibles, & au moindre dommage pour les propriétaires : qu'en conſéquence le chemin ſoit tracé ſur le communal, ſubſidiairement qu'il rentre dans le vieux chemin à l'Oratoire de Sinſac.

La Commiſſion, après avoir conſulté le Directeur des travaux publics, d'après la connoiſſance que la plupart des Membres ont des locaux, connoiſſant en outre combien le fonds eſt précieux par ſa fertilité en cette partie, croit que les Etats doivent délibérer que le chemin ſera tracé dans la plaine, au deſſus du vacant ou communal, depuis le pont de Bouan juſqu'à l'Oratoire de Sinſac, & qu'à l'Oratoire on rentrera dans le chemin actuel, pour paſſer dans le Village de Sinſac, & ſuivre la direction du chemin pratiqué aujourd'hui, autant que faire ſe pourra ; & au ſurplus, que ledit chemin doit être conſtruit de ſuite. Et ainſi il a été délibéré, de commune voix de l'Aſſemblée.

Requête de Braſſac, Benac & St. Pierre.

Les Communautés de Benac, Braſſac & St. Pierre de Riviere, joints MM. de Braſſac & de Benac, expoſent que les Etats leur ayant accordé, par délibération de l'année derniere, une ſomme de mille livres, pour faire l'embranchement depuis le grand chemin de la Baſtide juſqu'au Village de St. Pierre, qui eſt le centre de la Vallée de Barguilliere; les Communautés, ſur la foi de cette délibération, ont ouvert cette route, & cependant elles n'ont pas obtenu les mille livres accordées: ainſi cet ouvrage eſt reſté dans un état d'imperfection, qui rend ce chemin moins praticable qu'il ne l'étoit. C'eſt pourquoi ces Communautés demandent à l'Aſſemblée tel ſecours qu'elle arbitrera, pour parfaire les parties de ce chemin, qui ſont indiſpenſables.

A la pluralité de voix, la ſomme de quatre cent livres a été accordée aux Communautés de Braſſac, Benac & St. Pierre, qui ne leur ſeront comptées que le lendemain du jour qu'elles auront paſſé le bail d'entretien dudit chemin, à la charge par elles de l'entretenir par la ſuite.

Requête de Siguer.

La Communauté de Siguer demande que la Province lui accorde la ſomme de huit cent livres ſur les fonds établis pour les chemins de traverſe; moyennant quoi ladite Communauté offre de ſe charger de fournir aux dépenſes à faire pour la conſtruction & entretien du pont de Sevillac, juſqu'à ce que la Province ait deſtiné des fonds particuliers pour les ponts de pareille nature; offre encore ladite Communauté, moyennant ladite ſomme de huit cent livres, & ſans aucun autre ſecours de la Province, de perfectionner en entier leur chemin de traverſe, depuis Siguer juſques au grand chemin de Vicdeſſos.

A la pluralité des ſuffrages, a été délibéré qu'il ne ſera pas ſtatué ſur la demandé de la Communauté de Siguer, ni toutes autres demandes de ponts ſur les chemins de traverſe, juſqu'à ce que l'emprunt qui a été délibéré dans la ſéance du matin, ſoit rembourſé aux époques qui y ſont fixées.

Traitement avec les Cabaretiers d'Ax.

M. Martin, Maire de la ville d'Ax, & le ſieur Faure, Syndic, ayant rendu compte des arrangemens qu'ils avoient faits, en conſéquence de la délibération du 10 Janvier 1785, avec Baptiſte Aſtrié, Joſeph Aſtrié, François Boyer & Antoine Trapé, compris dans l'inſtance engagée contre les Cabaretiers d'Ax, à raiſon du vin qu'ils ont vendu en 1783; l'Aſſemblée a approuvé la maniere en laquelle ils avoient traité avec les Cabaretiers, les autoriſe à faire les mêmes arrangemens avec les autres, & charge les Syndics généraux de donner ſuite à l'inſtance, devant qui il appartiendra, contre ceux de ces Cabaretiers qui s'y refuſeront.

PROCEZ-VERBAL.
8 Janvier 1786.

Du Dimanche 8 Janvier, du matin.

MONSEIGNEUR L'ÉVÊQUE DE PAMIERS, Président.

Demande de M. de la Beaume.

LE Sieur de la Beaume, Baron de Malves, demande la reſtitution d'une ſomme de trois mille ſept cent quarante-quatre livres, qu'il prétend lui être due par la Province, qui ſe l'eſt faite adjuger par l'Arrêt d'ordre rendu contre M. ſon pere. Il fonde ſa prétention, ſur ce que la Province ayant acquis le pont de Sabar de M. ſon pere, c'étoit à elle à en payer les réparations depuis l'époque de ſon acquiſition; les Lettres-patentes qu'elle devoit obtenir pour acquérir, & l'Arrêt remis, juſtifient que la Province ne jouit pas dudit pont en vertu de la vente qui avoit été faite par le Sieur de la Beaume d'Angely, mais bien en vertu de l'Arrêt, parce que le pont ayant été compris dans la ſaiſie générale, la Province en avoit été dépoſſédée, & n'avoit pu ſe procurer ledit pont que par une nouvelle acquiſition. Cependant on ne peut pas ſe diſſimuler que les Lettres-patentes, dont les fraix ont été payés par le Sieur d'Angely, n'aient tourné à l'avantage de la Province.

La Commiſſion, vu l'impoſſibilité de ſe procurer dans ce moment & pendant la tenue des Etats, tous les papiers relatifs à cette affaire, croit que les Syndics généraux doivent être chargés de prendre des renfeignemens fur cette affaire, d'en rendre compte aux Etats prochains, pour être enfuite délibéré par les Etats fur la demande en reftitution ce qu'il appartiendra.

Et depuis cette époque, la Commiffion, vu de nouvelles réflexions qui lui ont été faites de la part du Sieur de la Beaume, prifes de ce que la Province avoit été allouée pour le prix de certaine réparation qui avoit tourné à fon profit, puifqu'elle avoit été Adjudicataire; celle prife de ce que M. de Mirepoix, pourfuivant criées, n'avoit point été payé : ce qui fuppofe qu'il avoit été indiqué dans le premier contrat que le Chevalier de la Beaume avoit voulu fe pourvoir pour demander la caffation de la faifie & tout l'enfuivi.

Vu en outre le Procès-verbal de vente, du 3 Octobre 1766; la délibération des Etats, du 31 Décembre même année; vu l'impoffibilité de fe fixer fur les faits, par le défaut de pieces; a perfifté dans fon premier avis.

De commune voix de l'Affemblée a été délibéré conformément à l'avis de la Commiffion.

Bains d'Uffat.

Le Sieur Pilhes, Intendant des Eaux des Bains d'Uffat & Ax, nommé par délibération des Etats pour faire l'analyfe des Eaux des Bains d'Uffat & Ax, rend compte des travaux qu'il a faits la préfente année pour faire ladite analyfe. Il a commencé fes opérations, aidé par le Sieur Lourde, Médecin de Saint-Ybars; & il a été obligé de les ſuſpendre, faute des inſtruments néceſſaires.

La Commiſſion, dont quelques Membres ont été témoins du zèle avec lequel le Sieur Pilhes a travaillé à l'analyſe ſuſdite, du temps qu'il y a employé, de l'intérêt qu'il a mis à rendre les Bains d'Ax auſſi commodes que propres, des nouvelles découvertes des eaux qu'il a cherché à faire ſur le terrein d'Uſſat, croit que les Etats doivent le prier de continuer ſon travail, pour rapporter l'analyſe parfaite aux Etats prochains.

Et au ſurplus, qu'il doit être donné au Sieur Pilhes une ſomme de trois cent livres, pour fournir aux frais déja faits & à ceux qui pourroient l'être, pour parvenir à ladite Analyſe; laquelle ſomme ſera impoſée, & que le Sieur Pilhes ſera tenu d'en rendre compte.

De commune voix a été délibéré conformément à l'avis de la Commiſſion.

Pont de Mazeres

La Communauté de Mazeres, par ſes délibérations du 18 Décembre dernier & 1er Janvier courant, demande la reconſtruction du Pont; qu'il ſoit ouvert une route depuis ladite Ville, juſques aux limites du Languedoc : Elle offre, pour la conſtruction de ſon Pont, d'emprunter une ſomme de douze mille livres, laquelle, jointe à celle de ſix mille livres que les Entrepreneurs doivent payer dans deux ans, ſuivant leur ſoumiſſion faite l'année derniere, ſuffira pour la conſtruction dudit Pont;

Pont; la Province, au surplus, devant être chargée des intérêts du capital & de l'emprunt.

La Commission, de commune voix, croit qu'il est absolument indispensable de faire un Pont en maçonnerie, d'après les réflexions faites par le Directeur des Travaux publics, & que la Province ne peut accéder aujourd'hui à la demande de la Communauté de Mazeres, vu l'insuffisance des fonds.

De voix unanime il a été délibéré, qu'il n'est pas possible de s'occuper du Pont de Mazeres cette année; mais que si les six mille livres dues par les Entrepreneurs sont entrées en caisse aux Etats prochains, le Pont sera mis en adjudication tout de suite; & le Directeur des Travaux publics en dressera le plan dans le courant de la présente année, pour être rapporté aux Etats prochains.

Requête de Daumazan.

Les Maire & Consuls de Daumazan demandent qu'il soit procédé à l'adjudication du chemin, depuis le ruisseau *d'Argain* jusqu'à la Ville; subsidiairement, & en cas de difficulté, que le grand chemin actuel soit rendu passant, & que le Pont de ladite Ville soit réparé.

La Commission, vu que c'est par ordre du Roi que la faction dudit chemin a été suspendue, croit que les Etats ne doivent rien délibérer à cet égard; que le grand chemin actuel doit être rendu passant, aux moindres frais possibles, sur la direction du Directeur des Travaux publics, qui fera faire les réparations les plus indispensables; & le même doit être chargé

PROCEZ-VERBAL.
8 Janvier 1786.

de vérifier le pont de ladite Ville, pour en rendre compte aux Etats prochains, &, ſur ſon rapport, y être pourvu.

De commune voix de l'Aſſemblée, il a été délibéré conformément à l'avis de la Commiſſion.

Requête de Luzenac.

La Communauté de Luzenac, dont le territoire a été ravagé par deux orages affreux, qui ont eu lieu les 15 & 16 Juin dernier, demande d'être compriſe ſur l'état d'indemnité. Il a été procédé à une relation par deux Experts aſſermentés pardevant le Subdélégué, de laquelle il réſulte que le dommage ſouffert ſe porte à la ſomme de dix-neuf mille deux cent quatre-vingt-ſept livres dix ſols.

La Commiſſion a cru que ladite Communauté doit être compriſe ſur l'état d'indemnité de l'année pour la ſomme de mille livres, pour être mis en moins impoſé.

De commune voix de l'Aſſemblée a été délibéré conformément à l'avis de la Commiſſion.

Requête du Sieur Rauly Balnegre.

Le Sieur Rauly Balnegre de Saverdun demande que les affaires qu'il a contre Savignol & Barrau, relatives à la Subvention, dont il étoit Fermier en 1782, ſoient pourſuivies à la requête des Syndics généraux, pardevant M. l'Intendant.

La Commiſſion croit que les deux affaires ſeront conſultées, &, s'il y a lieu, les Syndics généraux pourſuivront.

De commune voix de l'Aſſemblée a été délibéré conformément à l'avis de la Commiſſion.

Requête de M. Martimort.

Le Sieur Martimort, habitant de la Ville de Mazeres,

demande qu'il ſoit procédé inceſſamment à l'adjudication du grand chemin, depuis Mazeres juſques au Ramier, d'un pont de brique ſur ce ruiſſeau, & prolonger l'alignement juſques au lieu appellé *l'Etoile*.

Il donne pour motif de ſa premiere demande, que les Etats l'avoient déja délibéré ainſi l'année derniere, dans leur délibération du 8 Janvier.

Il donne pour motif de la ſeconde, que pourvu que le chemin ſoit fait juſqu'au lieu appellé *l'Etoile*, on peut commodément aller joindre les chemins de Montaut, Pamiers & Saverdun. Il offre de faire l'avance de l'argent, à la charge par la Province de le lui rembourſer, trois ans après que ces conſtructions ſeront faites, avec l'intérêt, qui courra ſix mois après que leſdites conſtructions ſeront commencées.

La Commiſſion, de commune voix, après avoir conſulté le Directeur des Travaux publics, & ſur la connoiſſance que certains des Membres ont dudit lieu appellé *l'Etoile*, croit qu'il doit être déliberé que les offres dudit Sieur Martimort ſeront reçues ; qu'en conſéquence il doit être procédé la préſente année à l'adjudication de la partie du chemin, depuis Mazeres juſqu'au lieu appellé *l'Etoile* ; à la charge par M. Martimort, ſuivant ſon offre, de faire l'avance de l'argent néceſſaire pour ladite conſtruction, & que les intérêts ne courront ſur le compte de la Province, qu'à compter du 1er. Janvier 1787, & que le tout ſera fait ſous l'inſpection du Directeur des Travaux publics.

PROCEZ-VERBAL.
8 Janvier 1786.

De commune voix de l'Assemblée, il a été délibéré qu'on ne doit s'occuper de la construction dudit chemin qu'après la construction du pont de Mazeres.

Demande des Srs Saint-André & autres.

Les Sieurs Saint-André, Boyer & Pilhes, Négocians de Tarascon, dont on a traversé les possessions dans le nouvel alignement qui a été donné à l'entrée de Tarascon, où on a abattu les murs de clôture, demandent que la contenance desdits murs soit fixée par le toisé exact qui en sera fait en leur présence; que les murs seront estimés par des Maçons; que les fondations entrent dans le prix, ainsi que les portails & leurs couverts qui ont été démolis; que le déblais à faire dans la possession du Sieur Pilhes, doit être apprécié pour lui être payé; & qu'il soit convenu du montant des fraix qui doivent être employés pour ôter le terrein de la fondation, dans sa profondeur & largeur.

La Commission, de voix unanime, croit que les murs démolis doivent être payés auxdits Saint-André & autres, à raison de six livres la toise courante, tant plein que vuide, & qu'on leur laissera en outre tous les décombres: & moyennant ce, que sur le surplus de leur requête il n'y a lieu de statuer.

De commune voix de l'Assemblée a été déliberé conformément à l'avis de la Commission.

Requête de M. de Benac.

M. d'Arexi, Seigneur de Benac, Commissaire député par les Etats en cette partie, vu le mauvais état du chemin qui conduit audit Village, & la difficulté de le réparer sans des

PROCEZ-VERBAL. 8 Janvier 1786.

frais énormes, d'après l'avis du Directeur des travaux publics, qui a piqueté le nouveau chemin, en a fait construire un à ses fraix sur ses possessions en grande partie : il lui reste de suivre le plan tracé. Certains particuliers s'y opposent, & leur opposition rend inutile tout ce qui a été fait, & la libre & facile avenue du Village sur une très-petite distance, & dans un temps qu'il pourroit se dédommager en prenant le vieux chemin.

La Commission, après avoir entendu le Directeur des travaux publics, croit que les Etats doivent délibérer que le chemin piqueté sera exécuté sous l'autorité de la Province.

A la pluralité des voix il a été délibéré de charger les Syndics généraux de faire autoriser la délibération prise le 8 Janvier 1785 ; & après que l'Arrêt du Conseil sera obtenu, d'inviter MM. les Commissaires des Chemins à le faire exécuter.

Requête de Garanou, Unac & autres.

Sur les demandes faites par les Communautés de Savenac, Unac, Vernaux & Garanou, d'être comprises la présente année sur les rôles des indemnités,

A la pluralité des voix de l'Assemblée il a été délibéré, que les quatre Communautés ci-dessus nommées seront comprises dans l'état des indemnités, pour une somme de douze cent liv. qui leur sera distribuée, savoir, à la Communauté de Garanou, quatre cent livres ; à celle de Savenac, cent cinquante livres ; à celle d'Unac, quatre cent livres ; & à celle de Vernaux, deux cent cinquante livres. Délibéré en outre, que les Syndics

PROCEZ-VERBAL. 8 Janvier 1786.

généraux feront chargés de fe pourvoir au Confeil, pour folliciter un Arrêt qui défende les défrichemens dans tous les lieux montueux & rapides, les Confuls de chaque lieu chargés de tenir la main à fon exécution.

Charge de Juge-Mage.

La charge de Juge-Mage fut vendue par la Province à M. Courdurier, par acte du 14 Février 1760. Il y eft dit qu'il ne payeroit la fomme de onze mille livres reftante du prix capital, qu'après l'obtention des provifions. Des oppofitions au fceau faites par le Sieur Comet, dernier titulaire, ne furent levées que par un Arrêt du Confeil de 1771. Le Sieur Courdurier demanda un dédommagement, à raifon de la privation des gages & autres avantages attachés à cet Office ; & par une délibération des Etats, du mois de Novembre 1771, M. le Préfident & M. le Baron de Caftelnau de Durban furent nommés Commiffaires pour traiter & terminer cette affaire, conjointement avec deux Avocats.

MM. Les Commiffaires fe font rendus à Touloufe, avec l'un des Syndics, dans le mois d'Octobre dernier. MM. Delort & Albaret ont été pris pour Arbitres, & on remet fur le Bureau leur confultation.

Lecture faite de la Confultation.

A la pluralité des voix il a été délibéré que le Sieur Courdurier fera pourfuivi, à la diligence des Syndics généraux, pardevant le Confeil, s'il fe refufe au paiement de la fomme de onze mille livres ; & que cependant il lui fera accordé un délai de trois ans pour l'acquitter, & sans intérêt, s'il veut se soumettre au paiement.

Requête de M. Delascazes.

M. Delascazes a représenté par Requête à l'Assemblée, qu'ayant eu l'honneur d'accompagner M. l'Évêque & M. le Baron de Castelnau à Toulouse, pour y traiter l'affaire d'entre M. Courdurier & la Province, il se seroit apperçu que d'après l'acte de vente consenti à M. Courdurier, ce dernier avoit payé une somme de neuf mille deux cent livres. Le Sieur Gardebosc ne s'est chargé en recette que de cinq mille livres. M. Delascazes son pere avoit reçu la totalité, comme il résulte de l'acte. Il croit que cette somme n'est point due, le titre est contre lui; &, dans le doute, il veut payer la somme que son pere a reçue. L'état de maladie dans lequel il se trouve ne lui a pas permis de faire des recherches, pour savoir à quoi cette somme avoit été employée. Le peu qu'il en a fait lui donne lieu de croire qu'elle a servi à payer le Sieur Dupuy, Avocat au Conseil, & au remboursement de quelques créanciers de la Province.

Sur quoi il prie l'Assemblée d'ordonner au Trésorier de recevoir ladite somme de 4200 liv. d'hors & déja; & cependant de nommer un Commissaire pour vérifier les titres qu'il pourra rapporter d'ici aux Etats prochains, pour, sur son rapport, être décidé s'il y a lieu de lui rendre la totalité ou partie de la somme qui sera remise au Trésorier.

De commune voix de l'Assemblée il a été délibéré que le

PROCEZ-VERBAL. 8 Janvier 1786.

Trésorier recevra ladite somme de 4200 liv. & qu'il en fournira quittance : comme aussi, que M. d'Arnave est prié de vérifier les titres qui lui seront présentés par le Sieur Delascazes, tendants à justifier sa libération, en tout ou en partie, pour, sur son rapport aux Etats prochains, être statué ce que de droit.

400 liv. à M. Pertinchamp.

Le Sieur Pertinchamp, Directeur des Travaux publics, demande que, sous le bon plaisir de l'Assemblée, il lui soit accordé telle somme qu'elle jugera à propos, pour l'indemniser des fraix, peines & soins auxquels il a été exposé pour la levée de la carte du Pays, dont il a fait deux doubles, qu'il a mis sous les yeux de l'Assemblée.

A la pluralité des voix, il a été délibéré d'accorder quatre cent livres au Sieur Pertinchamp, qui seront compris dans l'imposition prochaine.

Voierie.

M. de Montaut-Brassac, Commissaire des chemins, annonce à l'Assemblée qu'un Commissaire des Trésoriers de Montauban menace de faire des entreprises, en faisant démolir une partie de la maison de Dominique Pujol, du lieu de Saint-Pierre de Riviere ; tandis que la Communauté dudit lieu a fait un arrangement avec ledit Pujol, par sa délibération du 23 Décembre dernier, à raison d'un avancement qu'il avoit fait sur la voie publique, dont il ne gêne en rien le libre usage.

La Commission, de commune voix, croit que les Syndics généraux doivent être chargés de poursuivre au Conseil l'instance qui y est pendante, à raison de la voierie.

De

PROCEZ-VERBAL.
8 Janvier 1786.

De commune voix de l'Assemblée, a été délibéré conformément à l'avis de la Commission.

Requête de Soula.

Louis Soula, Porteur du Mas-d'Azil à Toulouse, expose à l'Assemblée : Qu'il a été arrêté à la requête du S[r]. Montieu, Fermier de la Messagerie de Toulouse à Bagnieres, pour avoir été trouvé avec sa charrette portant des malles & des paquets qu'il avoit pris dans le Pays de Foix, allant du Mas-d'Azil à Toulouse.

Que par une Ordonnance de M. l'Intendant d'Auch, il a été condamné à une amende de cent livres, & à la confiscation de sa voiture & de ses chevaux : Que ledit Montieu n'a aucun établissement formé pour aller au Mas-d'Azil : qu'il ne veut pas même en former, ce qui met toutes les parties du Pays de Foix, distantes de la grande route d'environ six lieues, dans l'impossibilité de faire partir leurs malles & paquets à Toulouse. Les Consuls de onze Communautés principales se joignent à sa demande, & réclament pour lui la protection des Etats.

La Commission croit que les Syndics généraux doivent être chargés de se pourvoir pardevant M. l'Intendant d'Auch, à l'effet de demander la cassation de la saisie & l'élargissement dudit Soula.

De commune voix de l'Assemblée, il a été délibéré de prier M. l'Evêque Président, d'adresser à Monseigneur le Contrôleur-Général copie de la Requête présentée par ledit

P

PROCEZ-VERBAL.
8 Janvier 1786.

Soula, & de le prier, au nom des Etats, d'accorder audit Soula la recréance des effets saisis & sa liberté, & de le décharger de l'amende prononcée par M. l'Intendant d'Auch: comme aussi de maintenir ledit Soula dans la liberté de porter lesdites malles & paquets depuis le Mas-d'Azil jusqu'à Toulouse, ou d'obliger le Sieur Montieu, Fermier, si cette partie de la Province de Foix est comprise dans son bail, d'en faire le service.

Dire des Syndics-généraux.

Les Syndics généraux ont dit :

MESSIEURS,

Le Sieur Peyronnet, Fermier de la Subvention, nous a fait signifier plusieurs actes dans le courant de l'année : nous aurons l'honneur de mettre sous vos yeux ceux des 19 & 31 Mars 1785, 25 Août de la même année, & les démarches que nous avons faites en conséquence. Il nous accuse dans tous, de porter de la négligence dans la poursuite des affaires concernant la Subvention. Cependant les procès-verbaux remis au Procureur de la Province ont été poursuivis, puisque depuis le 27 Août 1784 jusqu'au 20 Mai de la même année, il a fait soixante-dix-sept présentations dans différentes affaires en la Sénéchaussée, & a poursuivi cinquante-un appointemens d'instruction ou définitif. Il a assigné en reprise d'instance devant M. l'Intendant, Juge d'attribution nommé, ou a fait donner des Assignations sur des nouveaux verbaux, au nombre de deux cens, depuis le mois de Juin dernier.

Toutes ces pourſuites, quelque multipliées qu'elles ſoient, n'ont pas empêché le Sieur Peyronner de crier contre nous à la négligence, quoiqu'il ſache, à ne pouvoir en douter, que lors même qu'il y en auroit quelqu'une dans la pourſuite, ce ne feroit jamais la faute des Syndics généraux. Comme toutes autres Parties, ils ne peuvent ſe charger eux-mêmes du détail de la pourſuite : ils ſont obligés de s'en rapporter aux ſoins & à la vigilance du Procureur que la Province nomme pour le ſien.

Il a voulu nous forcer d'être appellans ou oppoſans à un Jugement que le Sieur Faure, habitant de Foix, avoit obtenu contre lui au Préſidial de Pamiers, par lequel ce Tribunal avoit accordé au Sieur Faure la rétention du dixieme que le Sieur Peyronnet prétend n'être dû qu'aux Cabaretiers. Il nous a dénoncé qu'il alloit ſe pourvoir en réſiliement, & qu'il ne vouloit plus payer qu'en comptant de Clerc à Maître.

Nous ne pouvions, MESSIEURS, prendre ſur nous une pareille affaire, ſans avoir pris les ordres des Etats, qui, par leur délibération du 14 Janvier dernier, nous avoient chargés de nous en tenir au bail paſſé à Peyronnet, au Réglement des Etats de 1767, d'empêcher qu'il n'y fût donné atteinte, & qu'on feroit payer Peyronnet aux échéances.

Pluſieurs procès-verbaux ont été attaqués par les Parties ; les unes en ont demandé la caſſation, d'autres le rejet : les

PROCEZ-VERBAL.
8 Janvier 1786.

unes & les autres les attaquoient conséquemment par des moyens de nullité. Nous crumes devoir faire intervenir le Sieur Peyronnet dans les instances, pour défendre lui-même la vérité ou légalité de ses verbaux, puisque par le réglement des Etats nous ne devons poursuivre les procès-verbaux, que lorsqu'ils seront en bonne forme. Il nous somma de nous départir de ces assignations. MM. Albaret, Arexy & Delort, furent consultés par nous ; & nous lui fîmes signifier l'acte, qui fut motivé dans leur Consultation. Les Etats n'étoient point assemblés. Aucune Commission n'étoit nommée pour tracer notre conduite. Nous n'avions pas prévu, peut-être même nous n'aurions pas dû prévoir, que nous en aurions besoin aussi souvent, & que le Sieur Peyronnet feroit naître tant de difficultés. Ces raisons nous déterminerent à consulter des Avocats ; & nous crumes remplir ce que nous devions aux intérêts de la Province, en prenant cette précaution.

On poursuivit nombre d'affaires en la Sénéchaussée de Pamiers. Plusieurs Parties demandoient le renvoi au Présidial. Le Sieur Peyronnet nous fit acte, pour que nous eussions à nous y opposer. Vous ne nous aviez donné aucuns ordres relatifs à cette demande : MM. Albaret & Delort furent encore consultés, & nous lui déclarâmes que nous nous en rapporterions, pour le Jugement de compétence, à la sagesse du Tribunal qui devoit le juger.

Nous y fumes déterminés encore par des nouvelles que

nous avions reçues, que le Juge d'attribution alloit nous être accordé. Il étoit inutile de poursuivre au Parlement des appels de Jugement de compétence, tandis que dans le plus court délai nous étions assurés d'avoir l'Arrêt du Conseil qui devoit faire finir toutes ces contestations.

Quatre Appointemens du Sénéchal avoient modéré à vingt livres les amendes encourues par les contrevenans. Le Sieur Peyronnet nous somma d'en être appellans, prétendant que ces amendes n'étoient point comminatoires, & qu'elles faisoient partie de son bail : nous refusâmes de le faire.

Les Etats ne s'étoient point expliqués sur cet objet. Nous crumes plus sage de laisser certains appointemens impoursuivis, en attendant que les Etats nous eussent donné leurs ordres en cette partie.

A peine l'Arrêt d'attribution à M. l'Intendant nous fut envoyé, qu'il fut signifié au Sieur Peyronnet. Nous eumes l'honneur de l'adresser à ce Magistrat, pour qu'il y joignît ses Lettres d'attache, afin de le faire imprimer. Il ne nous a pas été possible de le réavoir, quoique nous l'ayons réclamé par trois lettres différentes, l'une desquelles est partie de Foix sur la fin d'Août.

A peine nous avons commencé de faire donner des assignations en reprise d'instance devant M. l'Intendant, dans laquelle nous constituyons pour Procureur Me. Conferon, le sieur Peyronnet a prétendu que nous devions nommer un Procu-

PROCEZ-VERBAL.
8 Janvier 1786.

reur au Parlement de Pau. Il nous a fait acte, pour nous sommer de le faire. Nous lui avons répondu que nous avions consulté M. l'Intendant à cet égard ; que pendant tout le temps que la Province avoit été de l'Intendance de Roussillon, tous les Arrêts d'attribution qu'on avoit eu, on n'avoit pas procédé en autre forme, & que nous nous en tiendrions scrupuleusement à ce qui nous seroit prescrit par ce Magistrat, duquel nous n'avons pas eu encore réponse. La preuve cependant que la forme que nous avons observée ne lui a pas déplu, est qu'il a été prononcé sur une infinité de Requêtes de renvoi devant le Subdélégué.

Nous devons encore ajouter à toutes les observations que nous avons eu l'honneur de vous faire, que quoiqu'il soit dit dans l'Arrêt d'attribution que les Jugemens seront rendus sans fraix, néanmoins le Subdélégué de Pamiers a prétendu que les procès-verbaux qu'il dresseroit devoient être taxés. Cet objet, vu la multiplicité, paroît être d'une plus grande conséquence pour la Province.

Le Sieur Peyronnet s'est pourvu pardevant Sa Majesté, pour demander le résiliement de son bail ; & pour être reçu à compter de Clerc à Maître, il se plaint de ce qu'il n'est pas soutenu par les Etats, & moins encore par les Syndics-généraux. Les Contribuables prétendent que les Commis du Sieur Peyronnet les vexent : il en est un nombre presque infini à cet égard.

Les Syndics généraux ne peuvent, ſous aucun rapport, ſe charger eux ſeuls de défendre à toutes ces prétentions. C'eſt pourquoi nous avons l'honneur de prier Noſſeigneurs, de nommer une Commiſſion, qui, pendant l'année, puiſſe diriger la conduite des Syndics-généraux ſur tous les points qui ſeront relatifs à cette affaire. Elle eſt ſi intéreſſante pour la Province, que les Syndics-généraux ne peuvent prendre ſur eux la défenſe de ſes droits.

Commiſſaires nommés à raiſon de la Subvention.

De commune voix de l'Aſſemblée, il a été délibéré de prier MM. d'Arnave, de Braſſac, de Sieuras, de Cubieres; Bribes, Lieutenant de Maire de Foix; de Fajac, Maire de Saverdun; Latour, Maire de Saint-Ybars; & d'Arexy, député de Siguer, de diriger pendant l'année la conduite des Syndics généraux, ſur tous les points relatifs aux demandes du Fermier de la Subvention.

Requête du ſieur Pagés.

Le Sieur Pagés, habitant de la préſente ville, qui a loué la grange pour ſervir d'écurie aux chevaux de la Brigade de Maréchauſſée, à qui il a été déja fait par la Province une avance de trois cent livres, demande, vu qu'il a fait des réparations pour plus de ſix cent livres, qu'il lui ſoit avancé encore une ſomme de trois cent livres, pour finir de payer le montant deſdites réparations; demeurant ſon offre de précompter ſur les quatre premieres années de ſon bail, le montant deſdites avances: le bail donne de rente 150 livres par année.

PROCEZ-VERBAL.
8 Janvier 1786.

La Commission, de commune voix, croit que les Etats doivent accorder audit Pagés la demande qu'il fait d'une somme de 300 liv., à la charge par lui de l'imputer, ainsi que la somme de trois cent livres qu'il a déja reçue, sur les quatre premieres années de son bail, & que ladite somme sera payée par le Trésorier sous le droit d'avance, & le loyer imposé chaque année.

De commune voix de l'Assemblée, il a été déliberé conformément à l'avis de la Commission.

Eaux d'Ussat.

La Province ayant témoigné dans la Séance derniere, combien il feroit utile à l'humanité qu'il y eût un établissement de Bains à Ussat, sur les anciennes sources qu'on avoit reçonnu autrefois très-efficaces; & ayant promis de le favoriser, le Sieur Saint-André, pour en démontrer encore la nécessité, fait un détail des inconvéniens qu'ont les Bains existans dans Ornolac, & des incommodités de l'Auberge. La plupart vous ont été exposés par ce Médecin-Intendant. Il s'est convaincu par les fouilles, que ces anciennes eaux tant regretées sont dans le champ de Parousse. Ledit Sieur de Saint-André offre d'y faire faire les recherches nécessaires à la découverte de ces eaux par l'acquéreur dudit champ, acheté douze cent livres, & d'y faire construire un Hôtel à loger quarante Maîtres. Là, les eaux seront plus éloignées de la riviere, plus pures, auront la pente convenable pour vuider les bains, & seront à l'abri des débordemens de la riviere.

riviere. Mais comme il pourroit arriver que les eaux ne fussent pas en assez grande abondance pour exécuter son projet, & qu'alors il perdroit les fraix de déblais, estimés à environ deux mille quatre cent livres par l'Inspecteur ou Ingénieur, ainsi que le champ converti en une vaste excavation; il demande à la Province d'y contribuer pour la moitié de la valeur du champ & pour la moitié des fouilles; & il s'oblige à les faire en la forme qui sera indiquée par M. le Directeur des travaux publics.

L'acquéreur de ce champ demande encore, que la Province veuille lui prêter son crédit pour un emprunt de quarante mille livres destinées à la construction des Bains & d'un Hôtel à loger quarante Maîtres, sous bonne caution, en payant l'intérêt & assurant le remboursement dans douze années.

Le Sieur Saint-André fait ensuite le tableau des avantages que cet établissement procurera à la Province, en appellant dans son intérieur l'argent des Provinces étrangeres, & en le faisant circuler d'un bout à l'autre.

La Commission, à la pluralité des voix, croit que les Etats ne doivent rien accorder audit Sieur de Saint-André.

A la pluralité des voix, il a été délibéré de ne rien accorder dans ce moment audit Sieur de Saint-André, sauf à lui donner des secours lorsqu'il aura établi que son travail peut être avantageux au public.

PROCEZ-VERBAL.
9 Janvier 1786.

Du Lundi 9 Janvier, du matin.

MONSEIGNEUR L'ÉVÊQUE DE PAMIERS, Préſident.

M. le Commiſſaire du Roi ayant fait dire à l'Aſſemblée, qu'il avoit des ordres du Roi à lui communiquer, il y auroit été reçu en la forme preſcrite par les Réglemens.

MESSIEURS,

Dire de M. le Marquis d'Uſſon.

Le Roi, par ſes inſtructions particulieres, m'a chargé, ſuppoſé que vos Syndics offriſſent leur démiſſion, de vous ſignifier que ſon intention eſt qu'elles ſoient acceptées, & que vous ayez à lui propoſer trois Sujets, pour remplir chacune des places de Syndic, dans leſquels elle ſe réſerve de choiſir; ſon intention étant que par *interim* vous choiſiſſiez un Sujet, pour en remplir les fonctions juſqu'à la déciſion de Sa Majeſté. MM. Fauré & Charly vous ayant offert leur démiſſion, & ce dernier étant venu m'en inſtruire en préſence de témoins: ſuivant les ordres de Sa Majeſté, je les ai acceptées, & vous invite, MESSIEURS, à vous conformer aux volontés du Roi.

L'état de la ſanté du Sieur Delaſcazes ne lui permettant pas de long-temps de s'occuper d'aucune affaire, exige que dans ce moment vous procédiez à la proposition de trois Sujets, & au choix de celui qui doit exercer par *interim*.

PROCEZ-VERBAL. 9 Janvier 1786.

Dire de M. le Président.

M. l'Evêque Président, a dit : Que l'offre verbale qui fut faite par les Syndics, dans la séance de hier au soir, de remettre leurs places à l'Assemblée, fut refusée par elle : Que toute l'Assemblée unanimement, & par acclamation, invita MM. Fauré & Charly de continuer leurs fonctions, & de rétracter leur offre : Que même il fut convenu qu'il n'en seroit point fait mention dans le Verbal : Qu'en conséquence MM. les Syndics, touchés des sentimens de l'Assemblée, pleins de respect & de reconnoissance, promirent de continuer leurs fonctions pendant quelque temps : Que les Syndics étant nommés par les Etats, c'est à eux qu'il appartient de recevoir leur démission.

En conséquence, l'avis de M. l'Evêque est que M. le Commissaire du Roi sera invité par l'Assemblée, de donner le temps nécessaire pour réfléchir sur l'ordre du Roi, & pour y délibérer.

De commune voix de l'Assemblée, il a été délibéré de prier M. le Commissaire du Roi, de donner à l'Assemblée le temps nécessaire pour réfléchir sur l'ordre du Roi, qui est transcrit ci-dessus, & pour y délibérer.

Dire de M. le Commissre du Roi.

M. le Commissaire du Roi a dit : Ayant été interpellé de dire l'ultérieur de mes ordres, j'ai dit à l'Assemblée, qu'à défaut par elle de nommer un Sujet pour occuper par *interim* la place de Syndic, ou de proposition de trois Sujets ; malgré que j'eusse voulu me prêter au vœu de l'Assemblée, j'ai cru

PROCEZ-VERBAL. 9 Janvier 1786.

devoir, pour faire respecter l'autorité du Roi, dès ce moment nommer le Sieur Darmaing, pour remplir par *interim* les fonctions de Syndic, vu la santé délabrée du Sieur Delascazes, qui ne lui permet pas de s'occuper d'aucune affaire, ainsi qu'il me l'a mandé lui-même, malgré l'invitation que je lui ai faite de venir répondre aux inculpations dont il est chargé par le Fermier de la Subvention. Invitons au surplus, au nom du Roi, les Sieurs Faure & Charly, d'instruire au moins verbalement le Sieur Darmaing de ce qu'il y aura à faire à la Chambre de Cottise.

L'ultérieur des ordres est, que les Etats pourront nommer provisoirement à la place des Syndics, ou à leur défaut, il y sera nommé par le Sieur Commissaire de Sa Majesté, qui l'autorise à cet effet.

Suit l'enrégistrement de la Lettre de cachet.

DE PAR LE ROI.

Lettre de cachet.

CHERS ET BIEN AMÉS, le bien de nos affaires exigeant que le Sieur Marquis d'Usson, Maréchal de nos Camps & Armées, Lieutenant général de notre Pays & Comté de Foix, & notre Commissaire en l'Assemblée des Etats de notredit Pays & Comté, qui se tiendra le 26 Décembre présent mois, ait une connoissance prompte & entiere de vos opérations, nous vous faisons cette Lettre pour vous dire, que nous autorisons ledit Sieur Marquis d'Usson à assister à toutes vos séances & délibérations, ainsi qu'à celles de la Chambre ou

Commiſſion des Comptes, ſans néanmoins y avoir aucune voix délibérative. Vous enjoignant, & aux Membres de ladite Commiſſion, de l'y recevoir & de délibérer en ſa préſence ſans difficulté. Si n'y faites faute : Car tel eſt notre plaiſir. DONNÉ à Verſailles, le 5 Décembre 1785. *Signé* LOUIS. *Et plus bas*, LE BARON DE BRETEUIL.

M. le Commiſſaire du Roi s'étant retiré, il a été conduit en la forme preſcrite par les Réglemens.

L'Aſſemblée, délibérant, a dit unanimement :

Délibéré au ſujet de la démiſſion des Syndics.

C'eſt avec la plus grande ſurpriſe & la plus grande douleur, que nous avons vu arriver dans notre Aſſemblée M. le Commiſſaire du Roi, chargé de remplacer les Syndics de nos Etats, ſur l'aſſertion de la démiſſion de MM. Fauré & Charly, faite verbalement dans l'Aſſemblée de hier. Nous n'avons jamais pu regarder leur démarche, que comme une propoſition faite à l'Aſſemblée, de permettre qu'ils abandonaſſent des fonctions que les circonſtances particulieres dans leſquelles ils ſe trouvoient leur rendoient pénibles. Nous leur avons témoigné notre ſollicitude ſur leur demande. L'Aſſemblée les a priés unanimement de continuer leurs fonctions. Elle a rendu à leur zele & à leurs talents la juſtice qui leur eſt due : ils ſe ſont rendus à ſa ſollicitation. Ils ont promis de continer leurs fonctions tout le temps qu'ils pourront être utiles à la Province. Les éloges & la juſtice rendus à MM. les Syndics par l'Aſſemblée, a été même répété par

PROCEZ-VERBAL.
9 Janvier 1786.

M. le Commissaire du Roi. Le Verbal n'a point été chargé de leur proposition : elle n'a été seulement que présentée à l'Assemblée : aucune forme légale n'a suivi cette démarche.

Notre avis est donc, qu'en interprétant littéralement les ordres du Roi signifiés à ladite Assemblée, il n'y a pas lieu de nommer un Syndic par *interim*, puisque leur démission n'a été ni reçue, ni l'offre même couchée sur le Verbal.

Que quoique l'Assemblée ait unanimement délibéré, d'après le consentement de M. d'Usson, de renvoyer au lendemain au soir pour statuer sur les ordres communiqués, & que M. le Commissaire du Roi se soit cru autorisé à nommer le Sieur Darmaing par *interim* ;

Le Sieur Darmaing, proposé par M. le Marquis d'Usson pour être Syndic, ne paroît pas être susceptible de la confiance de la Province dans le moment actuel, étant Avocat des Fermiers de la Subvention, & ne pouvant défendre à la cause des Syndics de la Province, contre ces mêmes Fermiers : Que d'ailleurs nous ignorons les motifs qui ont déterminé M. le Commissaire du Roi à nommer un Syndic par *interim* ; dans un moment où il venoit de nous accorder jusqu'au lendemain pour nous fixer sur un choix.

Que la crainte d'avoir déplu à Sa Majesté a seule déterminé quelques Membres de l'Assemblée de prier M. le Commissaire du Roi, de communiquer aux Etats des ordres ultérieurs, qu'il nous avoit annoncés comme étant très-sévères,

& qu'il ne nous laissoit ignorer que par ménagement.

Que d'après ces considérations, il doit être protesté par l'Assemblée, tant contre la nomination du Sieur Darmaing, que sur les inculpations du Commissaire du Roi contre ce qu'auroit pu faire l'Assemblée; & cependant, faire à Sa Majesté de très-humbles représentations sur les atteintes qui sont atteintes à nos privileges; la supplier de vouloir bien les maintenir; l'assurer de notre grande soumission à ses ordres, & chercher à détruire les impressions défavorables qu'on pourroit lui avoir fait naître sur le compte de l'administration de l'Assemblée.

Qu'il doit être nommé quatre Commissaires, pour rédiger lesdites représentations; solliciter Monseigneur le Maréchal de Ségur, notre Gouverneur, & M. l'Evêque Président, de vouloir bien protéger les Etats dans cette circonstance; & prier encore M. de Sieuras, que ses affaires amènent à Paris, de les faire valoir auprès de Sa Majesté. A cet effet, M. l'Evêque Président propose pour Commissaires, MM. de Brassac, de Sieuras; Bribes, Lieutenant de Foix, & Latour, Maire de Saint-Ybars.

De plus, il a été délibéré de prier MM. de Sieuras, de Cubieres; le Lieutenant de Maire de Foix & celui de Mazeres, de porter à M. le Commissaire du Roi un extrait de la délibération qui vient d'être prise.

MM. les Commissaires susdits s'étant rendus au Château,

PROCEZ-VERBAL. 9 Janvier 1786.

M. le Commiſſaire du Roi leur auroit remis la réponſe par écrit, qui eſt de teneur.

Réponſe du Commiſſaire du Roi, à la députation de MM. des Etats.

Dire de M. le Commiſſre du Roi.

C'EST avec la plus grande ſurpriſe que je vois MM. des Etats, donner comme une aſſertion de ma part la démiſſion de MM. Fauré & Charly, le premier étant convenu cejourd'hui 9 Janvier 1786, qu'il avoit offert ſa démiſſion ; & le ſecond étant venu chez moi le 8 au ſoir, *ſans miſſion de ma part*, pour, au ſortir de table, faire la jactance de ſa démiſſion, aſſez haut pour que ceux qui étoient chez moi en fuſſent inſtruits. Etonné, ſurpris, je lui fis répéter par trois fois, en préſence de M. de Montaut, membre des Etats ; & alors je lui dis que j'acceptois ſa démiſſion au nom du Roi, d'après les ordres dont je ſuis porteur. J'ai rendu juſtice, il eſt vrai, aux ſervices & au zele de M. Fauré ; & je me ſuis aſſez étendu ſur ce que j'en penſois. Quant à M. Charly, j'ai dit ce qu'on en pouvoit eſpérer : je n'ai pas été plus loin, & j'ai dû me taire.

L'Aſſemblée a dû connoître, & je ſupplie MM. les Commiſſaires de vouloir bien le lui répéter, qu'il étoit dans mon deſir d'accorder les vingt-quatre heures que M. le Préſident demandoit pour délibérer, vu que j'ai deſiré qu'il reçût la ſanction

sanction de la totalité des Membres des Etats ; mais, poussé à bout d'une maniere indécente, pour interpréter le mot *de regret* que j'avois prononcé, de faire quelque chose qui déplaisoit ou pouvoit déplaire à l'Assemblée, j'ai été forcé de lire l'ultérieur de mes instructions : alors l'autorité du Roi étant compromise, il m'étoit impossible de ne pas faire usage de ces mêmes instructions ; & que les Etats n'ayant pas auparavant délibéré pour proposer trois Sujets, d'après la proposition que j'en avois faite, pour remplir la place de Syndic, vacante d'après l'accepattion de la démission que j'ai faite au nom de Sa Majesté, ni nommer un Sujet pour remplir la place de Syndic par *interim*, chose d'autant plus nécessaire, que le Sieur Delascazes, par sa mauvaise santé, est hors d'état de pouvoir s'occuper de long-temps d'aucunes affaires, j'ai cru devoir proposer le Sieur Darmaing : il est vrai qu'il est l'Avocat des Fermiers de la Subvention ; les anciens Syndics, & M. Delascazes qui l'est encore, sauront se défendre des griefs portés contre eux par le Fermier de ce droit, d'autant que la majeure partie des griefs tiennent beaucoup plus à leur négligence personnelle qu'à tout autre motif.

Quant aux protestations, je suis bien loin d'être choqué, même peiné, qu'il en soit fait. Mais, en attendant, le Sieur Darmaing remplira les fonctions de Syndic par *interim*, d'après le droit que m'en a donné Sa Majesté, dont j'ai

PROCEZ-VERBAL. 9 Janvier 1786.

notifié les ordres à MM. des Etats. Quant à la Commiſſion nommée pour faire des repréſentations, je me permets d'obſerver, que les Etats faiſant ces repréſentations, il étoit inutile de nommer une Commiſſion particuliere à ce ſujet. J'ajouterai que je vois avec chagrin que l'on cherche à inſinuer, & que l'on affecte de répéter, que je cherche à donner des impreſſions défavorables ſur le compte de l'Adminiſtration de l'Aſſemblée. J'ai voulu le bien de la Province : j'ai été aſſez heureux pour lui en rendre un grand dans ſa comptabilité. Mes ſoins les plus aſſidus ſeront, non de porter atteinte à ſes privileges, mais de travailler ſans ceſſe à les conſerver, en les préſervant des abus qui ont occaſionné le mal paſſé.

RAPPORT

DE LA COMMISSION DES CHEMINS.

RAPPORT de la Commiſſion des Chemins.

LE Tréſorier a rendu à la Chambre des Comptes celui de l'année 1784. Tous les mandemens qui ont été tirés pendant l'année 1785, juſques au 1er Janvier 1786 pour les ouvrages publics, y ſont employés, ainſi que le Tréſorier le certifie.

Il porte en recette ce qui ſuit :

RECETTE.

ANNÉE 1784.

Impoſition ſur les fonds de terre, ci . . 12000 liv.
Subvention du 1er Juillet 1784 au 1er Juillet 1785, ci . . . . 50000 liv.

Sur les fonds libres de la Province.

De M. de Terſac, ci . . . . . 12000 l. }
De la Communauté de Lézat, . . . 3600 l. } 15600 liv.

TOTAL de la recette de ladite année, ci . . 77600 liv.

PAIEMENS.

En mandemens remis ſur les fonds des chemins, alloués lors de la clôture dudit compte, ci . . . . 87820 liv.

PARTANT le Tréſorier a été déclaré créancier de la Province, de dix mille deux cent vingt livres, ci . . . . . . 10220 liv.

PROCEZ-VERBAL.
9 Janvier 1786.

RECETTE.

ANNÉE 1785.

Le Trésorier a reçu de l'impofition fur les fonds de terre, ci . . . . 12000 liv.
Entretien, ci . . . . 1000 liv.
Subvention du 1er Juillet 1785 au 1er. Janvier 1786, ci . . . . 25000 liv.

TOTAL de la recette de ladite année, ci. 38000 liv.

Il lui étoit dû, par la clôture de fon compte de 1784, ci . . . . 10220 liv.

PARTANT il refte en caiffe vingt-fept mille fept cent quatre-vingt livres, ci . . . 27780 liv.

ANNÉE 1786.

Le Trésorier recevra fur les Biens-fonds ci. 12000 liv.
Entretien, ci . . . . 1000 liv.
Subvention du 1er Janvier 1786 au 1er Juillet 1786, ci . . . . 25000 liv.

TOTAL de la recette de ladite année, ci . . 38000 liv.

PARTANT les fonds effectifs pour la présente année sont de soixante-cinq mille sept cent quatre-vingt livres, ci . . . . 65780 liv.

Les Etats ont délibéré un emprunt de soixante mille livres, ci . . . . 60000 liv.

PARTANT les fonds faits la présente année, pour être employés aux chemins, sont de cent vingt-cinq mille sept cent quatre-vingt livres, ci . . . . 125780 liv.

La Commission a dû prendre pour base de son opération ladite somme de 125780 livres. Si le bail du Fermier n'étoit pas résilié au 1er Juillet, & que l'emprunt ne fût pas autorisé, la recette devroit diminuer de trente-cinq mille livres.

Le Directeur des travaux publics a présenté le Tableau des Chemins à faire, & celui des sommes à y employer. Il a été adopté par la Commission.

TABLEAU des parties de Chemins à faire en 1786, & des sommes qui doivent y être employées dans l'année.

Tableau des chemins à faire.

La partie de Chemin de Foix à Tarascon, n'est pas entièrement finie. Nous estimons qu'il en coûtera dix mille livres

Chemin de Tarascon, 800 toises de longueur.

ou environ pour la parfaire, ci . . . . 10000 liv.

Chemin d'Ax, 4215 toises.

La partie qui reste à faire sur la route d'Ax, se monte à la somme de trente-un mille deux cent quatre-vingt-quinze livres. On y employera cette année vingt mille livres, ci . . . . 20000 liv.

Chemin de Sabar, 1300 toises.

La partie de Chemin de Sabar à Niaux n'est pas entiérement finie. Nous estimons qu'il en coûtera la somme de douze mille livres pour la parfaire, & qu'on doit y employer cette année la somme de sept mille livres, ci . . . . 7000 liv.

Chemin de la Ramade, 1882 toises.

La partie de Chemin depuis la Ramade jusqu'au chemin de Cavaliere, est la seule qui reste à faire sur la route de Vicdessos. Nous estimons que cette partie coûtera dix-huit mille huit cent vingt livres. Cette route doit être faite dans deux ans : on y dépensera cette année la somme de dix mille livres, ci 10000 liv.

Chemin des Minieres, 600 toises.

Le Chemin qui conduit aux minieres doit être fait cette année. Nous en estimons la dépense à deux mille quatre cent livres qui doivent y être employées cette année, ci . . 2400 liv.

La partie de chemin passant par St. Paul,

49400 liv.

Monte ci-contre, ci . . . 49400 liv.

hemin de aint-Paul, 00 toises.

depuis les limites du Languedoc jusqu'à la grande route, a 1300 cent toises de longueur. Nous en estimons la dépense à 7800 livres, qui doivent y être employées cette année, ci. 7800 liv.

hemin de stelanau, 00 toises.

La partie de Chemin de St. Girons, qui reste à faire près de Castelnau, est estimée 4200 livres, qui doivent y être employées cette année, ci . . . . 4200 liv.

Côte de Tresbens, 00 toises.

Le changement de la côte de Tresbens & St. Martin ayant été reconnu indispensable, à cause de la roideur des pentes & des amas de neige qui s'y font en hiver, on y employera cette année sept mille livres, ci . 7000 liv.

Cette partie de chemin, qui est estimée à quinze mille livres, devra être faite dans trois ans.

hemin de Girons à Pamiers, 00 toises.

La partie de chemin de St. Girons à Pamiers, passant par le Mas-d'Azil, doit être continué. Nous estimons qu'il en coûtera douze mille livres ou environ, pour finir la partie commencée : on doit employer huit mille livres cette année, ci . . . . 8000 liv.

La partie qui restera à faire jusqu'à Sabarat,

76400 liv.

PROCEZ-VERBAL.
9 Janvier 1786.
Chemin de Sabarat, 4152 toises.

Monte de l'autre part, ci . . 76400 liv.

est estimée 41520 livres : on y employera cette année six mille livres, ci . . . . . 6000 liv.

La partie de chemin depuis le pont de Foix jusques au-delà de Vilote, est estimée trois mille livres, qui doivent y être employées cette année, ci . . . . 3000 liv.

Les murs & maisons à abattre sur la route d'Ax, se montent à 6325 livres, ci . . . 6325 liv.

TOTAL, ci . . . . 91725 liv.

Les sommes qui restent à payer sur les ouvrages finis ou commencés, se montent à la somme de vingt-huit mille six cent quatre-vingt-dix livres sept sols, ci . . . . . . 28690 liv. 7 s.

Le Total des ouvrages se montant à la somme de cent vingt mille quatre cent quinze livres sept sols, ci . . . . . . 120415 liv. 7 s.

Les fonds faits ou à faire se montant à la somme de cent vingt-cinq mille sept cent quatre-vingt livres sept sols, ci . . . 125780 liv. 7 s.

PARTANT il restera en caisse la somme de cinq mille trois cent soixante-cinq livres, qui doivent être employées aux augmentations imprévues, ci . . . . 5365 liv.

Dans le Tableau qui vient d'être présenté, nous avons posé pour base que l'emprunt seroit fait. S'il ne recevoit pas la sanction de Sa Majesté, dans ce cas, la Commission a cru que les Etats devoient délibérer de donner pouvoir à la Commission des Chemins, de faire les adjudications de suite après la tenue des Etats, sauf à ladite Commission à diminuer le nombre des Ouvriers employés sur chaque attelier, au cas l'emprunt ne fût pas autorisé, eu égard à la situation de la caisse de la Province.

De commune voix de l'Assemblée, le Rapport a été approuvé, & l'avis de la Commission adopté.

De plus, a été délibéré, de voix unanime, qu'on imposeroit mille livres, pour l'entretien des chemins.

1000 l. pour l'entretien des chemins.

Il nous a présenté ensuite le Tableau des sommes dues aux Entrepreneurs. Il a été également approuvé par la Commission.

TABLEAU des Ouvrages faits en différentes parties de Chemins, & des sommes qui sont dues aux Entrepreneurs.

Tableau des sommes dues aux Entrepreneurs.

Chemin depuis Saverdun aux limites du Languedoc, & les ouvrages du canal de Laure, adjugé à la toise au Sieur Caffaigne. Le toisé se porte à . . 16600 l.
Il a été payé . . . . 16416 l. } 213 l.

Chemin de Saverdun à Bonnac, adjugé à

PROCEZ-VERBAL.
9 Janvier 1786.

la toiſe aux Sieurs Betaille & Manent. Le toiſé ſe porte à . . . . 32861 l. 10 ſ.
Il a été payé . . . . 28400 l. } 4461 l. 10 ſ.

Chemin de Joucla à Varilhes, adjugé en blot au Sieur Caſſaigne, au prix de . . . . 25000 l.
Il a été payé . . . . 24700 l. } 300 l.

Chemin de Varilhes à Foix, adjugé en blot audit Caſſaigne, au prix de . 28809 l.
Il a été payé . . . . 27009 l. } 1800 l.

Augmentation ſur ledit chemin, ci . . . 800 l.

Chemin de Foix à la côte de St. Antoine, adjugé à la toiſe au Sieur Prax. Le toiſé des ouvrages faits ſe porte à . . . . . 24311 l.
Il a été payé . . . . 23400 l. } 911 l.

Chemin du haut de ladite côte à Taraſcon, adjugé à la toiſe au Sieur Duroux. Le toiſé des ouvrages faits ſe porte à . 19400 l.
Il a été payé . . . . 19300 l. } 100 l.

Chemin du Sault du porc au pont de Perles, adjugé à la toiſe aux Sieurs Manent & Betaille. Le toiſé ſe porte à . 20692 l.
Il a été payé . . . . 13073 l. } 7619 l.

Chemin de part & d'autre du torrent de Luzenac, adjugé à la toiſe audit Caſſaigne.

Le toisé se porte à . . . . 7251 l. 9 s. } 1151 l. 9 l.
Il a été payé . . . . 6100 l.

Chemin du détroit de Savignac, adjugé à M. de Savignac. Le toisé se porte à . . . . 3596 l. 8 s. } 896 l. 8 s.
Il a été payé . . . . 2700 l.

Chemin de la Roche de Malaseu à Ax, adjugé à la toise à M. Martin Dubreil, Maire. Le toisé se porte à . . 6041 l. 10 s. } 2498 l. 10 s.
Il a été payé . . . . 3543 l.

Chemin de Sabar à Niaux, adjugé à la toise aux sieurs Manent & Betaille. Le toisé se porte . à . . . . 15127 l. } 1827 l.
Il a été payé . . . . 13300 l.

Chemin de Vicdessos à la Cavaliere, adjugé à la toise au Sieur Gauch. Le toisé se porte à . . . . 15600 l. } 100 l.
Il a été payé . . . . 15500 l.

Chemin de Castelnau à la Bastide, adjugé au Sieur Touja en blot, au prix de . 28000 l. } 1400 l.
Il a été payé . . . . 26600 l.

Chemin de Serre-Longue à Picony, adjugé à la toise au Sieur Reich. Le toisé se porte à . . . . 18812 l. 10 s. } 1012 l. 10 s.
Il a été payé . . . . 17800 l.

Chemin de Daumazan à Montesquieu,

PROCEZ-VERBAL. 9 Janvier 1786.

adjugé en blot au Sieur Mamy ; au prix de . . . . 28900 l. } 3000 l.
Il a été payé . . . . 25900 l.

Chemin de Saint-Ybars à Rieux, adjugé en blot au Sieur Carol, au prix de . . 4522 l. } 600 l.
Il a été payé . . . . 3922 l.

Récapitulation des sommes à payer aux Entrepreneurs, sur les Ouvrages finis ou commencés.

De Saverdun aux limites de Languedoc, ci.	213 liv.	
De Saverdun à Bonnac, ci	4461 liv.	10 s.
De Joucla à Varilhes, ci	300 liv.	
De Varilhes à Foix, ci	1800 liv.	
Augmentation, ci	800 liv.	
De Foix à la Côte St. Antoine, ci	911 liv.	
Du haut de la Côte à Tarascon, ci	100 liv.	
Du Sault du porc au pont de Perles, ci . .	7619 liv.	
Au torrent de Luzenac, ci	1151 liv.	9 s.
Au détroit de Savignac	896 liv.	8 s.
De Savignac à Ax	2498 liv.	10 s.
De Sabar à Niaux, ci	1827 liv.	
De Vicdessos à la Cavaliere, ci	100 liv.	
De Castelnau à la Bastide, ci	1400 liv.	
De Serre-Longue à Picony, ci	1012 liv.	10 s.
De Daumazan à Montesquieu, ci	300 liv.	
De Saint-Ybars à Rieux, ci	600 liv.	
TOTAL, ci	28690 liv.	7 s.

RESULTAT.

Les ſommes qui reſtent à payer aux Entreneurs ſur les ouvrages finis ou commencés, ſe montent à la ſomme de vingt-huit mille ſix cent quatre-vingt-dix livres ſept ſols, ci . 28690 liv. 7 ſ.

Et d'après le Tableau des parties de Chemins à faire, les ſommes à y employer cette année ſe portent à quatre-vingt-onze mille ſept cent vingt-cinq livres, ci . . . . . . 91725 liv.

TOTAL, ci . . . . . 120415 liv. 7 ſ.

Le Total des ouvrages ſe montant à la ſomme de cent vingt mille quatre cent quinze livres ſept ſols, ci . . . . . . 120415 liv. 7 ſ.

Les fonds faits ou à faire ſe montant à la ſomme de cent vingt-cinq mille ſept cent quatre-vingt livres ſept ſols, ci . . . . 125780 liv. 7 ſ.

PARTANT il reſtera en caiſſe la ſomme de cinq mille trois cent ſoixante-cinq livres, qui doivent être employées aux augmentations imprévues, ci . . . . 5365 liv.

Essai de nouvelle maniere d'entretenir les chemins.

Le Directeur des travaux publics a fait part à la Commission, de la maniere d'entretenir les Chemins en Limousin, dans la Haute-Guienne & dans le Maconnois, en établissant des Ouvriers de deux mille toises en deux mille toises plus ou moins, à raison de dix-huit livres par mois. L'expérience a démontré que cette maniere étoit très-avantageuse pour les Provinces où on l'a adoptée, & très-utile au public.

En conséquence, la Commission croit qu'on doit en faire l'essai cette année sur le Chemin de la Ramade, de Saverdun & d'Ax, & que les gages desdits Ouvriers seront pris sur les mille livres imposées pour l'entretien des Chemins.

De commune voix de l'Assemblée, a été délibéré conformément à l'avis de la Commission.

La Province prendra le fait & cause des Syndics.

MM. les Syndics étant sortis de l'Assemblée, M. l'Evêque Président a dit : Que sur le compte rendu le jour d'hier par MM. les Syndics, des démarches qu'ils ont faites relativement à la Subvention, son avis est que l'Assemblée doit prendre leur fait & cause, dans le cas qu'ils soient attaqués personnellement par le Sieur Peyronnet.

Ce qui a été délibéré de commune voix de l'Assemblée, à la réserve du Sieur Voisard, député de Montaut, qui s'est abstenu comme caution du Fermier.

Requête de Pamiers.

La Communauté de Pamiers expose par une Requête, qu'il lui est dû plusieurs sommes par la Province, & demande en conséquence qu'elle daigne pourvoir à son remboursement.

Elle demande, 1°. que la Province lui fasse rembourser la somme de 161 liv., provenant des relâchemens faits par le Roi sur les Vingtiemes des maisons & biens en l'année 1751, ainsi qu'il résulte de la délibération de la Communauté de Pamiers du 18 Décembre 1780; 2°. le remboursement de 288 liv., pour des surcharges de logement de la Maréchaussée de l'année 1774, somme qui fut imposée par la Province en 1779, en faveur de la Communauté suppliante; 3°. la somme de 163 liv. 18 sols, pour pareille surcharge sur l'année 1775. 4°. le remboursement de 175 liv. pour même surcharge de l'année 1776; 5°. le remboursement de 244 l. 6 s. 4 den., pour les Etapes des revues de la Maréchaussée, des années 1784 & 1785; sur laquelle somme la Ville de Pamiers devant prendre le dixieme, il ne lui reste dû que 219 liv. 17 s. 8 den.

La Communauté de Pamiers expose encore, que le Sieur Laborde son Collecteur, s'étant présenté à M. le Trésorier de la Province pour retirer les quatre premieres sommes, le Sieur Fornier lui auroit répondu n'avoir aucune connoissance de ces remboursemens; qu'on ne l'avoit pas chargé de le faire, & qu'il ne pouvoit savoir les sommes qui avoient été imposées pour ces objets, n'ayant pas les états d'imposition antérieurs à ses exercices, qui n'ont commencé qu'en 1780.

Sur le remboursement demandé dans le premier article, de la somme de 161 liv., provenant du relâchement fait par le Roi sur les Vingtiemes des maisons & biens en l'année 1751,

Procez-verbal. 8 Janvier 1786.

MM. les Commiſſaires eſtiment qu'il n'y a lieu au rembourſement demandé, parce qu'en 1751 les Vingtiemes étoient en régie & levés pour le compte du Roi ; & que le Roi, en accordant l'abonnement à la Province en 1757, ne lui donna un effet rétroactif que juſq'en 1754 ; ainſi cet objet ne peut regarder la Province.

Sur le ſecond article, de la demande de 288 liv. pour l'objet énoncé ; ladite ſomme ayant été impoſée en faveur de la Ville de Pamiers en 1779, ils penſent que M. le Tréſorier doit la payer. Et comme elle tombe ſur les arrérages des exercices de M. Gardeboſc, il la portera dans le compte qu'il rendra deſdits arrérages.

A l'égard des 163 liv. 18 ſols, contenues dans le troiſieme article, ils eſtiment qu'il n'y a lieu de prononcer, attendu qu'étant entrée dans la vérification qui fut faite en 1783 par MM. de Sieuras & Farbos, Commiſſaires nommés par les Etats, ſur les demandes de cet objet qu'en avoit fait la Ville de Pamiers, il lui fut fait raiſon.

Il en eſt de même des 175 livres contenues dans le quatrieme article : il lui en fut fait raiſon dans la vérification ci-deſſus citée. C'eſt pour pourvoir à ces deux objets de rembourſement & autres demandes, qu'il fut ordonné de payer à la Ville de Pamiers 818 liv. 9 ſols, & que l'impoſition en fut faite en 1784. Ainſi M. le Tréſorier ne peut ſe diſpenſer de payer cette derniere ſomme.

L'objet

PROCEZ-VERBAL. 9 Janvier 1786.

L'objet du cinquième article embrassant des avances réellement faites par la Ville de Pamiers, à l'occasion des revues de la Maréchaussée, des années 1784 & 1785 ; ils estiment qu'il est dû à la Ville de Pamiers 819 liv. 17 sols 8 den., déduction faite du dixième pour lequel elle doit contribuer à cette dépense ; & que cette somme doit être comprise dans l'imposition prochaine en faveur de la Ville de Pamiers, qui se trouvera par ce moyen remboursée des avances qu'elle réclame.

L'Assemblée, de commune voix, a délibéré conformément à l'avis de la Commission.

Contrôleurs des Ouvriers sur les chemins.

La Commission, sur le renvoi fait aux Etats par la Commission du 29 Avril dernier, après avoir balancé les avantages & désavantages des adjudications en blot ou à tant la toise, croit que les Etats doivent délibérer que les adjudications continueront d'être faites à la toise ; & que pour s'assurer de l'exactitude du travail qui sera fait, il sera nommé par MM. les Commissaires des chemins, sur la présentation qui sera faite par l'Ingénieur, des Contrôleurs sur chaque attelier ; lesquels seront obligés de tenir une note exacte du nombre des Ouvriers qui seront employés chaque jour, du toisé des ouvrages, de la quantité des matériaux, & de faire signer leur registre chaque mois par l'Ingénieur de la Province & par un de MM. les Commissaires des chemins : Que MM. les Commissaires seront libres de les renvoyer, toutes les fois qu'ils ne seront pas contents de leur capacité ou de leur exactitude : Qu'on

T

PROCEZ-VERBAL. 9 Janvier 1786.

donnera à chacun de ceux qui seront employés trente-six livres par mois de travail.

De plus, la Commission croit devoir proposer aux Etats, de délibérer que le Trésorier sera tenu, en rendant le compte de l'argent destiné aux chemins, de distinguer les mandemens qui seront tirés pour chaque attelier; que chaque année le Trésorier sera tenu, lors de la reddition de son compte, de représenter toutes les quittances qu'il aura des Entrepreneurs, & qu'il se fera déclarer créancier de la Province, si réellement il l'est; que faute par lui de représenter lesdites quittances, les sommes ne lui seront pas allouées les années suivantes.

Plan pour aboutir au Pont de Tarascon.

Le Directeur des Travaux-publics a présenté à la Commission le Plan pour aboutir au Pont de Tarascon, en passant par le Cussol. Il en estime la dépense à 1500 liv. Elle est comprise dans la somme de dix mille livres, qui doit être employée la présente année de Foix à Tarascon.

La Commission, à la pluralité des voix, vu les Plan & Devis dressé, & le Mémoire du Directeur des Travaux publics, croit que les Etats doivent délibérer que ledit Plan sera exécuté de suite, vu la difficulté de la montée en face du pont actuel.

Plan du Pont & Rue de Foix.

Le Directeur des Travaux publics a présenté à la Commission le Plan de la partie du chemin qui traverse Foix, depuis le Pont, passant par la rue des *Tanneurs*, & aboutissant au grand chemin de la Bastide. Les frais qu'il annonce pour remplir son projet, ne se porte qu'à une somme de trois mille livres.

La Commission, de voix unanime, vu les Plan, Mémoire & Devis estimatif, a délibéré que le Plan sera exécuté aussitôt que l'adjudication en sera faite.

Sur la premiere, seconde, troisieme, quatrieme & cinquieme propositions faites à la Commission ci-dessus,

A été délibéré, de commune voix de l'Assemblée, conformément à l'avis de la Commission.

Les Syndics généraux ont dit :

MESSIEURS,

Dire des Syndics, pour Font meûnier à Ax.

Vous avez délibéré l'année derniere, dans votre Délibération du 14 Janvier du matin, d'accorder 150 livres à un malheureux, dont les besoins ont été généralement reconnus. Ce malheureux, vous voudrez bien le rappeller, n'étoit autre que François Font, Meûnier à Ax, qui possédoit un champ sur la route, d'où on avoit extrait les pierres qui servoient de clôture, une quantité considérable de terre, quoique l'alignement ne fût pas tracé sur son champ, & dont la récolte avoit été considérablement endommagée. Vous crutes, MESSIEURS, en accordant les 150 livres à titre de charité, tarir la source des autres demandes qui auroient pu être faites; & ce fut là l'objet de votre délibération. M. l'Intendant a rayé cet article dans le rôle qu'il a arrêté, jusques à ce que le malheureux soit nommé par Vous. Il a cette année le même droit sur votre commisération, qu'il avoit l'année derniere. Les dégats sont

PROCEZ-VERBAL. 9 Janvier 1786.

sont certains & authentiques ; ils ont été constatés par un procès-verbal, & il est pauvre.

De commune voix de l'Assemblée a été délibéré que M. l'Evêque Président doit être prié de donner ladite somme de 150 livres audit Font ; & que celle qui a été imposée l'année derniere, soit mise en moins-imposé, ainsi que celle de 150 liv. 18 sols 5 deniers, provenant de l'arrêté de la Chambre des Comptes.

Requête de Lissac.

Les Consuls & Communauté de Lissac exposent : Que le grand chemin qui va de Muret à Saverdun, sur lequel passe la plus grande partie du Sel qui se consomme dans la Province, ayant été intercepté par deux différentes inondations des ruisseaux de Lajade & Lissac ; que M. le Marquis du Vivier, Commissaire des chemins en cette partie, témoin de la vérité des faits exposés, auroit ordonné d'y faire quelques réparations, & que sous ses yeux il auroit été fait une dépense de 107 liv. 16 sols, que M. du Vivier auroit payé. Depuis cette époque, il lui a été remboursé 60 liv. du montant de la Subvention de 1783, partant il lui reste dû 47 liv. 16 sols. Et comme il y a d'autres réparations à faire audit chemin, qui sont très-urgentes, elle demande qu'il soit employé une somme de 150 l. à prendre sur les arrérages de la Subvention.

La Commission, de commune voix, croit que la somme de 107 liv. 16 sols, employée sous l'inspection de M. le Marquis du Vivier, à des réparations sur la grande route de Saverdun

PROCEZ-VERBAL. 9 Janvier 1786.

à Muret, doit être remboursée à ladite Communauté sur les fonds destinés aux chemins; à la charge par elle de faire payer le montant de la Subvention qu'elle doit, & de s'acquitter avec M. du Vivier ainsi qu'elle avisera.

Comme aussi, qu'il sera procédé par le Directeur des Travaux publics à la vérification des réparations les plus urgentes à faire sur ledit grand chemin, pour y être statué par la Commission des chemins ainsi qu'il appartiendra.

De commune voix de l'Assemblée a été délibéré conformément à l'avis de la Commission.

Requête de Tarascon, pour 109 liv. 4 sols.

Sur la Requête présentée par la Communauté de Tarascon, en demande qu'il lui soit remboursé la somme de 109 liv. 4 f. qu'elle a avancé jusqu'à ce jour, pour le paiement de l'étape de la Brigade d'Ax, lors de son passage à Tarascon pour les revues qu'elle est obligée d'aller passer à Pamiers;

L'Assemblée, de commune voix, a délibéré que la somme de 109 liv. 4 sols, sera remboursée à la Ville de Tarascon, & en conséquence comprise dans l'imposition prochaine.

Requête de Foix, pour 300 liv.

Sur la Requête de la Communauté de Foix, qui demande le remboursement de la somme de 300 livres, par elle avancée au Sieur Pagés, pour le louage de la grange & écurie qui sert de Caserne à la nouvelle Brigade de Maréchaussée établie à Foix;

L'Assemblée, de commune voix, a délibéré que les trois cent livres dont s'agit seront remboursées à la Communauté

PROCEZ-VERBAL.

9 Janvier 1786.

de Foix, & comprises dans l'imposition prochaine.

Rôle des frais du Sieur Conferon, à 2132 liv. 3 den.

Sur le rôle des frais faits par le Sieur Conferon, Procureur de la Province au Sénéchal de Pamiers, à raison des instances poursuivies à la requête des Syndics généraux, pour les affaires concernant la Subvention; ledit rôle se portant à la somme de trois mille cinq cent quatre-vingt livres trois deniers, sur laquelle il a reçu quatorze cent quarante-huit livres; partant il lui reste dû celle de deux mille cent trente-deux livres trois deniers.

L'Assemblée, de commune voix, a délibéré que ladite somme de 2132 liv. 3 den., sera comprise dans l'imposition prochaine en faveur dudit Conferon.

Lettre à écrire par M. l'Evêque, à M. l'intendant, sur la députation.

M. l'Evêque ayant proposé de députer, suivant l'usage, à M. de Boucheporn, Intendant de Pau, Bayonne & Pays de Foix; MM. les Syndics généraux auroient dit qu'ils avoient été chargés par M. le Marquis d'Usson, de dire à l'Assemblée que M. de Boucheporn la prie de ne pas lui faire de députation.

Sur quoi, de commune voix de l'Assemblée, a été délibéré de prier M. l'Evêque Président, d'écrire à M. de Boucheporn, pour lui témoigner les sentiments de l'Assemblée.

Impression du Procès-verbal de la Commission tenue à Pamiers pr le Sel.

Délibéré de plus, que le Procès-verbal de la Commission tenue à Pamiers, pour examiner les différents projets présentés pour suppléer à la Subvention, sera imprimé à suite du présent Procès-Verbal des Etats.

PROCEZ-VERBAL.

9 Janvier 1786.

Les Syndics généraux ayant présenté à l'Assemblée l'état des fraix exposés par le Sieur Flusin, pour les affaires de la Province, montant à la somme de 312 liv. 11 den.

312 liv. au Sieur Flusin.

L'Assemblée, de commune voix, a délibéré que ladite somme sera comprise dans l'imposition prochaine, en faveur du Sieur Flusin.

Rapport fait par M. de Larnat, pour le franc-aleu.

L'Assemblée, après avoir entendu la lecture du Mémoire fait par M. de Larnat, à raison du privilege du franc-aleu, a délibéré, de commune voix, de témoigner à M. de Larnat la reconnoissance de l'Assemblée, à raison des recherches des titres & privileges qu'il annonce dans son Mémoire, avec l'indication des lieux où ils sont déposés; elle le prie de les continuer avec le même zele : comme aussi, de remettre un double dudit Mémoire aux Archives de la Province, pour y avoir recours, le cas y échéant. Délibéré de plus, de prier M. de Larnat, de donner le compte des dépenses que les recherches ont dû lui occasionner, & qu'elles pourront lui occasionner à l'avenir, & que M. le Trésorier sera chargé de l'acquitter, à la vue du compte qui lui sera présenté par M. de Larnat.

Poursuite du franc-aleu.

Délibéré, en outre, de charger les Syndics généraux de continuer les poursuites sur l'instance pendante à Montauban à raison du franc-aleu; comme aussi, de se pourvoir en cassation de toutes les poursuites qui pourroient être faites par les Fermiers du Domaine, à raison du droit d'ensaisinement

Ensaisinement à contester.

PROCEZ-VERBAL.
9 Janvier 1786.

qu'il prétend exercer dans la plus grande partie des lieux de la Province, en prenant le fait & cause des Particuliers déja attaqués à ce sujet, ou qui pourroient l'être à l'avenir; le tout sous la direction de MM. les Commissaires nommés l'année derniere, à raison du franc-aleu.

Doublement des honoraires.

Délibéré, au surplus, que les honoraires seront payés aux Membres qui ont assisté aux Etats, de la même maniere qu'ils l'ont été l'année derniere.

MM. Faure & Charly ayant épuisé toutes les affaires qui étoient préparées dans la présente séance, à laquelle M. le Commissaire du Roi avoit dit à la Commission qu'ils pouvoient continuer d'assister, se sont retirés.

Du Jeudi 12 Janvier, du matin.

MONSEIGNEUR L'ÉVÊQUE DE PAMIERS, Président.

Présentation de M. Darmaing, Syndic.

M. Darmaing s'étant présenté à l'Assemblée, à l'effet de remplacer par *interim* les Sieurs Fauré Syndic, & Charly son Adjoint, en conséquence des ordres qu'il nous a dit avoir reçu de M. le Commissaire du Roi; & le Sieur Darmaing ayant prié M. l'Evêque Président de lui donner la parole, qui lui auroit été accordée, a fait lecture des raisons qui l'avoient déterminé à accepter cette offre, & en a demandé l'enregistrement.

PROCEZ-VERBAL. 12 Janvier 1786.

l'enrégiſtrement. Et ledit Sieur Darmaing s'étant retiré, l'Aſſemblée a délibéré, de voix unanime, que ſon dire ſera inſéré dans le Procès-Verbal, comme ſuit.

Dire de M. Darmaing.

M. le Commiſſaire du Roi m'ayant fait part, que d'après la démiſſion donnée par MM. Fauré & Charly, il s'étoit vu forcé, par les circonſtances, de me nommer par *interim*, & en exécution des ordres du Roi, pour remplir la place de Syndic, j'ai cru par délicateſſe devoir lui repréſenter que je ne pouvois alors me charger de la défenſe des Fermiers de la Subvention, ne devant plus m'occuper que de vos intérêts. Flatté d'un choix qui m'honore, je mettrai tous mes ſoins, MESSIEURS, à mériter vos ſuffrages, & à me rendre digne de vos éloges. Je n'ai pas la préſomption de croire ſuppléer par mes talents à ceux de MM. Fauré & Charly; mais je mettrai le même zele à remplir les vues des Etats, & la même activité à exécuter vos délibérations. La circonſtance qui me fait remplir près de vous, MESSIEURS, la place de Syndic, n'influera pas, j'oſe l'eſpérer, ni ſur votre confiance, ni ſur vos bontés : je me le perſuade d'autant plus, que pluſieurs d'entre vous m'ont depuis long-temps accordé une amitié particulière, & qu'un plus grand nombre encore m'honore de ſa confiance dans ma profeſſion. M. l'Evêque Préſident me permettra de l'aſſurer, devant cette Aſſemblée, de mon empreſſement à exécuter ſes ordres, & du ſoin que je

PROCEZ-VERBAL. 12 Janvier 1786.

mettrai à lui témoigner personnellement ma soumission & mon respect.

Délibéré sur le Dire de M. Darmaing.

Sur quoi, de commune voix, il a été délibéré de protester de plus fort : Que MM. Fauré & Charly n'ont jamais fait leur démission, ni par écrit, ni d'une maniere légale : Que dès que la démission n'a pas été faite légalement, M. le Commissaire du Roi n'a pu l'accepter vingt-quatre heures après : Que M. Charly ayant prié l'Assemblée de permettre qu'il se reposât des travaux du Syndicat, son Collegue s'étant joint à lui, l'un & l'autre avoient cédé aux instances de l'Assemblée, qui, par acclamation, & de voix unanime, les avoient priés de continuer leurs services à la Province : Que l'unanimité des suffrages avoit été dictée par la connoissance que tous les Membres de l'Assemblée ont de leur zele, de leurs talents & de leur probité : Que M. le Commissaire du Roi lui-même, dans son premier discours, leur rendit la justice qu'ils méritent, dans les termes les plus forts : Que pour donner au Roi une preuve du respect & de l'obéissance dont les Etats sont pénétrés pour les ordres de Sa Majesté, ils reçoivent le Sieur Darmaing, nommé par M. le Marquis d'Usson pour exercer l'*interim* ; malgré les prieres & les représentations de l'Assemblée, & quoique d'abord elle n'eût demandé qu'un délai pour délibérer, qu'il avoit accordé dans le premier moment, un peu moins court qu'il n'avoit été sollicité : De

PROCEZ-VERBAL. 12 Janvier 1786.

prier MM. les Commiſſaires nommés pour rédiger nos doléances, de mettre ſous les yeux de Sa Majeſté les priviléges des Etats pour la nomination de ſes Officiers, & la ſituation de la Province; d'intéreſſer Sa Majeſté, par tous les motifs qui ſeront mis ſous ſes yeux, d'écouter favorablement nos très-humbles & très-reſpectueuſes repréſentations; d'engager M. de Sieuras de les préſenter au Roi, & les faire valoir avec tout le zele, vraiment patriotique, que l'Aſſemblée reconnoît en lui: & au cas ſes affaires ne l'appelleroient pas aſſez tôt dans la Capitale, de prier celui de MM. de la Nobleſſe, qui le premier ſera appellé à Paris pour ſes affaires, de les préſenter à Sa Majeſté & à ſes Miniſtres, & d'en ſolliciter le ſuccès avec toute la chaleur que l'intérêt de la choſe publique inſpire à toute l'Aſſemblée.

Preſtation de ferment de M. Darmaing.

M. Darmaing étant rentré, a dit, après avoir prêté le ſerment en tel cas requis:

Réglement propoſé pour la capitation des Militaires de la Province.

M. Charly m'a prévenu que M. Fauré & lui avoient omis de vous propoſer un chef de délibération; c'eſt, MESSIEURS, d'autoriſer vos Syndics à pourſuivre un Arrêt du Conſeil, qui rende commun à cette Province le nouveau Réglement fait pour celle du Languedoc, relativement à MM. les Militaires, pour l'imputation de la capitation qu'ils payent dans le Corps où leur ſervice les attache, ſur celle qu'ils payent dans le Pays.

PROCEZ-VERBAL. 12 Janvier 1786.

De voix unanime l'Assemblée a délibéré conformément à la proposition.

Dudit jour Jeudi 12 Janvier, de relevée.

MONSEIGNEUR L'ÉVÊQUE DE PAMIERS, Président.

M. l'Evêque Président, a dit :

MESSIEURS,

Dire de M. l'Evêque, au sujet de l'Arrêt du Conseil obtenu par Peyronnet, qui lui accorde la contrainte.

Je viens d'être instruit que le Roi, par un Arrêt de son Conseil du 14 Décembre dernier, a permis au Sieur Peyronnet, de décerner des contraintes contre les redevables du droit de Subvention qui refuseront ou qui seront en demeure de payer, à la charge néanmoins par lui de ne pouvoir mettre lesdites contraintes à exécution, qu'après qu'elles auront été visées par M. l'Intendant.

Vous aviez demandé la même chose le 5 Février 1783, en exécution de votre délibération du 16 Décembre 1782; le Roi n'y avoit eu aucun égard par son Arrêt du 2 Décembre 1783. Sa Majesté avoit cru alors que la Subvention ne pouvoit être assimilée aux deniers royaux, & que la contrainte étoit une voie trop rigoureuse. Nous ne pouvons nous empêcher de voir qu'elle l'eſt en effet en elle-même ; & la conduite des Commis du Fermier de la Subvention ne nous permet pas de douter qu'elle ne le devienne plus particuliérement entre leurs mains.

Commiſſion nommée pour traiter avec le Sieur Peyronnet du réſiliement de ſon bail.

En conſéquence, vu le plan que vous avez adopté de propoſer au Roi pour remplacer la Subvention, & lors même que Sa Majeſté voudroit qu'elle continuât d'être perçue, je croirois que le plus grand avantage de la Province ſeroit, ſous le bon plaiſir du Roi, de nommer une Commiſſion pour traiter avec le Sieur Peyronnet du réſiliement du bail qu'il demande au Conſeil, aux clauſes & conditions que MM. les Commiſſaires qui ſeroient nommés jugeroient les plus convenables à la Province. Je vous propoſe en conſéquence, MM. de Roquebrune, de Juſtiniac, de Larnat & de Pradieres ; MM. les Maires du Mas-d'Azil, la Baſtide de Beſplas, le ſieur Marion député de Mazeres, & le Maire de Taraſcon, pour traiter & s'accorder avec le ſieur Peyronnet, à raiſon du réſiliement dudit bail.

Ce qui a été délibéré de commune voix de l'Aſſemblée.

PROCEZ-VERBAL.
13 Janvier 1786.

Du Vendredi 13 Janvier, du matin.

MONSEIGNEUR L'ÉVÊQUE DE PAMIERS, Président.

Approbation du Verbal de la Commission du Franc-aleu.

M. Darmaing, Syndic, ayant rendu compte à l'Assemblée du procès-verbal dressé le 25 Août dernier par MM. les Commissaires nommés par la délibération du 14 Janvier dernier, à raison du franc-aleu,

L'Assemblée, de voix unanime, a approuvé ledit rapport de MM. les Commissaires; & en conséquence a chargé MM. les Syndics de s'y conformer, en faisant usage des titres énoncés dans le Mémoire de M. de Larnat.

CE FAIT, les Etats en corps sont partis & allés au Château, où ils ont été reçus par M. le Commissaire du Roi, à la premiere porte d'entrée dudit Château; & étant entrés dans sa chambre, M. l'Evêque Président l'auroit salué à la tête des Etats, & lui auroit rendu compte, dans un discours, des impositions délibérées, desquelles il lui a demandé l'autorisation & approbation.

A quoi ledit Seigneur Commissaire auroit répondu, que sous le bon plaisir du Roi, auquel il donnera avis des bonnes intentions de l'Assemblée, il acceptoit & permettoit l'imposition des sommes contenues au présent Verbal.

Après quoi l'Aſſemblée ſe ſeroit retirée, ledit Seigneur Commiſſaire l'ayant accompagnée juſques à la porte de la rue.

PROCEZ-VERBAL. 13 Janvier 1786.

FAIT & conclu à Foix, le treizieme jour du mois de Janvier mil ſept cent quatre-vingt-ſix.

J'approuve les préſentes délibérations, ſauf le bon plaiſir du Roi.

LE M$^{is.}$ D'USSON, Cte. P$^{al.}$

Signés,

† H. G. EVÊQUE DE PAMIERS, Préſident-né des Etats.

LE B. DE CASTELNAU DE DURBAN, Baron des Etats.

FALENTIN DE SIEURAS.

MIRAMONT DE ROQUEBRUNE.

GOTY DE LARNAT.

Collationné ſur l'Original, par Nous Secretaire des Etats ſouſſigné,

RIBAT, S^{re}.

PROCÈS-VERBAL
DE LA
COMMISSION TENUE A PAMIERS
AU MOIS DE JUILLET 1785.

L'AN MIL SEPT CENT QUATRE-VINGT-CINQ, & le douzieme jour du mois de Juillet, dans le Palais Episcopal de la Ville de Pamiers. PROCEZ-VERBAL de la Commission de Pamiers.

Etant assemblés :

Monseigneur L'ÉVÊQUE DE PAMIERS, Président-né des Etats.

Monseigneur L'ÉVÊQUE DE COMMENGES, Abbé de Foix.

Messire DE MAULEON DE DURBAN, Baron des Etats.

Messire DUFAUR DE SAUBIAC, Seigneur d'Unzent.

Messire DE FALENTIN DE LAFITTE, Seigneur de Sieuras.

Messire DE BERTRAND D'ARTIGUIERE, Seigneur de Cubieres.

M. BRIBES, Lieutenant de Maire de Foix, nommé par Mgr. l'Evêque Président, à la place de M. Latheulade, Maire de ladite Ville, qui n'a pu se rendre.

M. ESTEBE, Maire de Tarascon.

M. FARBOS, Député de Saverdun.

M. D'AREXY, Maire de Siguer, aussi nommé par Mgr. l'Evêque à la place de M. Pons, Maire du Fossat : Commissaires.

PROCEZ - VERBAL de la Commission tenue à Pamiers.

Assistans MM. LES OFFICIERS de la Province.

LES SYNDICS GÉNÉRAUX ont dit : Que la Commission avoit été assemblée pour examiner les Requêtes présentées aux Etats derniers, par les Communautés de Varilhes & de Verniolle, & tous Mémoires qui pourroient y être relatifs, conformément aux délibérations des Etats, des 14 & 15 Janvier dernier ; en exécution des ordres qui leur avoient été donnés par Monseigneur l'Evêque Président. Sur quoi prient l'Assemblée de délibérer.

Monseigneur l'Evêque a remis sur le Bureau un Mémoire présenté à Monseigneur le Contrôleur-Général, pour détruire la Subvention établie sur le Vin, & indiquer les moyens de remplacer les fonds qu'elle auroit dû produire ; ensemble la lettre que le Ministre lui a écrit.

De commune voix de l'Assemblée il a été délibéré d'examiner tout de suite le Mémoire adressé à Monseigneur l'Evêque de Pamiers par le Ministre, & tous autres plans & projets qui peuvent avoir été remis ; ensemble les Requêtes des Communautés de Varilhes & de Verniolle.

Lecture faite du Mémoire adressé à Monseigneur l'Evêque, & de la Lettre de Monseigneur le Contrôleur-Général :

La Commission a observé que le Mémoire renvoyé par le Ministre, présente deux objets ; dans le premier, on examine tous les inconvénients que la Subvention établie entraîne après elle ; dans le second, les avantages que l'introduction du Sel de la Ferme fourniroit à la Province; puiſqu'en donnant le Sel à un prix égal à celui auquel il y eſt vendu aujourd'hui, on lui fait retrouver un bénéfice aſſez conſidérable pour lui donner une ſomme de ſoixante-douze mille livres, qui doit être employée à la confection de ſes chemins. C'eſt ſous ces deux rapports que la Commiſſion a cru devoir l'examiner.

Ce n'eſt qu'après le plus ſérieux examen que la Subvention & le doublement de cette impoſition avoient été adoptés par les Etats. Ils avoient regardé cet impôt comme le ſeul capable de fournir les fonds néceſſaires pour la confection des grandes routes. L'impoſſibilité de charger les fonds de terre, vu les charges exceſſives auxquels ils ſont déja aſſujettis : la difficulté de trouver ſur aucun objet de conſommation, les fonds qu'on croyoit néceſſaires : tout avoit déterminé cette Aſſemblée à adopter la Subvention. La néceſſité de fournir à la confection des grandes routes avoit fait adopter un moyen, dont on reconnoiſſoit d'avance tout le poids : les inconvénients qu'on avoit prévus, ont été juſtifiés par l'expérience : à ceux-ci, il s'en eſt joint d'une autre eſpece, qu'on n'avoit pu prévoir.

La Ferme générale de la Subvention a été faite : les Fermiers qui peut-être n'avoient pas une connoiſſance exacte de l'état des choſes dans la Province, ont porté leurs offres au-delà de la valeur des objets de leur Ferme, après avoir pourſuivi un Arrêt du Conſeil qui prononçoit la caſſation d'un bail précédent conſenti à un moindre prix ; & au moment où ils

PROCEZ - VERBAL de la Commiſſion tenue à Pamiers.

ont reconnu leur erreur, ils ont cherché à ſe dédommager en multipliant les Procès-verbaux ; dans une ſeule année ils en ont remis deux cent aux Syndics généraux.

S'il faut en croire les Fermiers & les Procès-verbaux de leurs Commis, toutes les contraventions dont ils ſe ſont plaints exiſtent, & ſont la cauſe d'une perte immenſe qu'ils prétendent faire ſur le prix de leur bail ; s'il faut en croire les redevables, preſque tous affirment que les Procès-verbaux ſont faux, ils les attaquent ſous ce titre ; d'autres prétendent qu'ils ont été induits en erreur par les Commis eux-mêmes ; d'autres ſe plaignent de l'extenſion que les Fermiers veulent donner à leur bail ; tous ſe réuniſſent à ſe plaindre des vexations plus ou moins artiſées qu'ils éprouvent. L'intérêt que les Fermiers ont à trouver des contrevenants, peut faire croire qu'ils adoptent ſouvent légérement juſques aux apparences de fraude ; & les jugements rendus juſqu'ici ſur les Procès-verbaux, ſont une preuve qu'en beaucoup d'occaſions le Fermier a ſuppoſé des contraventions, dans l'eſpérance d'obtenir les amendes & les autres avantages que les réglemens des Etats prononcent en ſa favaur ; d'un autre côté, l'intérêt que les contribuables ont à échapper à la vigilance des Fermiers, peut faire ſoupçonner qu'ils ne cherchent qu'à déguiſer la fraude pour en retirer les fruits. Eh ! comment, dans ce conflit, démêler la vérité ?

Le réſultat ultérieur (& celui-ci eſt bien certain) eſt, que les frais des procès augmentent à l'infini le poids de la Subvention, qu'ils ſont à pure perte pour la Province, & que la ruine totale d'une partie de ſes habitans en ſeroit la ſuite.

Nous devons ajouter encore une obſervation. La facilité de commettre les fraudes, la difficulté de les établir, la multiplicité des procès à engager pour les faire punir, feront qu'à l'expiration des trois années du Bail de Peyronnet, nous ne trouverons des Fermiers qu'à bas prix; dès-lors tous les projets de la Province, étant fondés ſur une baſe peu ſolide, s'écrouleront : d'où naitroît la confuſion & le déſordre dans la partie des finances que la Province avoit voulu conſacrer à ſes chemins, & d'après laquelle les Etats derniers avoient adopté le plan général qui leur avoit été préſenté.

C'eſt d'après toutes ces conſidérations, que la Commiſſion, ſur cette partie du projet, croit devoir propoſer à l'Aſſemblée des Etats, de délibérer de ſe pourvoir pardevers Sa Majeſté, à l'effet d'obtenir de ſa bonté la ſuppreſſion de la Subvention établie ; la permiſſion de faire les fonds néceſſaires pour les travaux publics, de la façon qu'elle trouvera la plus avantageuſe, dans les différens plans qui lui ſeront ſoumis ; & cependant de ſtatuer, rétractant, quant à ce, toutes autres délibérations précédentes, qu'il ne ſera fait aucuns emprunts pour fournir à la conſtruction des chemins ; & qu'il n'y ſera employé dorénavant d'autres fonds, que ceux provenant chaque année de l'impoſition ſur les fonds, & de la ſeconde impoſition qui ſera adoptée en remplacement de la Subvention.

La Commiſſion, avant de délibérer ſur la ſeconde partie du Mémoire, a cru devoir établir certains faits.

1°. Elle eſt convaincue par un Certificat du Sieur Beauchamp, Receveur du grenier à ſel à Mirepoix, que le minot du ſel de Sijean ou de Peyriac donne, depuis cent ſeize livres, juſqu'à cent-vingt poids de table rendu à Mirepoix.

2°. Que la Province ſe ſert de pluſieurs eſpeces de ſel, ſavoir, de celui de Brouage; de celui de Bayonne, du ſel de Cardonne, du ſel de Gerry en Eſpagne; & du ſel de Camarade, ou d'autres puits & fontaines ſalants qui ſe trouvent dans certains lieux de la Province.

3°. Que le ſel dit de Cardonne, eſt d'une qualité infiniment ſupérieure à tous les autres; qu'il ſuffit en quantité moitié moindre, ſoit pour l'uſage de l'homme, ſoit pour les beſtiaux : qu'il eſt regardé dans toute la Province comme un préſervatif contre les épizooties, & que depuis Taraſcon juſqu'à l'Eſpitalet d'une part, depuis Taraſcon juſques aux limites d'Eſpagne de l'autre, on s'en ſert de préférence, même à l'excluſion de tous autres ſels, quoique moins chers.

4°. Le minot de ſel de Brouage, du poids de cent vingt liv. poids de table, ſe vend à Saverdun, & les Villages circonvoiſins, ... 7 liv. 16 ſ.

A Mazeres & Villages circonvoiſins . . 7 liv. 16 ſ.

A Pamiers . . . . 9 liv. 12 ſ.

A Tarascon	9 liv. 8 ſ.
Le prix moyen de cette qualité eſt dès-lors de	8 liv. 13 ſ.

5°. Le minot de ſel de Bayonne ſe vend

à Saverdun & lieux circonvoiſins . . .	6 liv. 12 ſ.
Le même à Foix & lieux circonvoiſins . .	8 liv. 18 ſ.
À Labaſtide & lieux circonvoiſins . . .	8 liv. 8 ſ.
À Saint-Ybars, Lezat, &c.	7 liv. 7 ſ.
Au Mas-d'Azil, Daumazan, le Carla, &c.	7 liv. 7 ſ.
Le prix moyen de cette qualité eſt de. . .	7 liv. 14 ſ. 5 d.

Le minot de ſel de Cardonne ſe vend à Ax & ſes environs.	12 liv.
Le minot de ſel de Gerry ſe vend à Vicdeſſos & ſes environs	9 liv. 18 ſ.
Le prix moyen de cette qualité eſt de . . .	10 liv. 19 ſ.

Le prix moyen des trois qualités réunies eſt de.	9 liv. 2 ſ. 1 d.

6°. Les ſels d'Eſpagne, par leurs qualités ſupérieures, ne doivent point entrer pour déterminer le prix moyen du ſel dans la Province ; celui de Bayonne eſt d'un uſage plus général que celui de Brouage, & en prenant les deux eſpeces de

PROCEZ - VERBAL de la Commission tenue à Pamiers.

ſel pour former le prix commun, on le trouvera de huit liv. trois ſols ſix deniers. Les ſels d'Eſpagne ſont, comme on l'a dit, plus chers ; mais comme il en faut une quantité moindre, on retrouve ſur une plus petite conſommation l'augmentation du prix.

7°. Le minot de ſel vendu par la Ferme, éprouve toujours une diminution de trois ou quatre livres par quintal. La même quantité vendue dans la Province, n'éprouve pas de diminution, parce quon vend au poids.

8°. Pour fixer le prix du ſel, nous avons pris celui exiſtant dans chaque Ville où le ſel eſt vendu. Dans l'hypotheſe propoſée, le ſel doit être vendu à raiſon de dix livres le minot à Pamiers ſeulement ; de façon que pour toutes les autres Villes où l'emploi eſt beaucoup plus fort, à raiſon des beſtiaux qui en font la principale conſommation, ſur-tout dans la Montagne, il faudroit encore augmenter le ſel des fraix de tranſport ; ce qui donneroit, en prenant le prix moyen, un ſurhauſſement dans le prix au moins de dix ſols par minot.

9°. Nonobſtant toutes ces obſervations, la Commiſſion a cru devoir fixer le prix moyen, pour ſervir de baſe à ſon opération, à huit livres au lieu de ſix, ainſi qu'il avoit été porté dans le Mémoire.

10°. La Province de Foix eſt bornée au midi par le Rouſſillon ; c'eſt une chaîne de Montagnes qui la ſéparent de l'Eſpagne. La connoiſſance que la Commiſſion a des locaux, lui fait

fait regarder comme certaine l'impoſſibilité de garder les paſſages, de façon à empêcher le verſement des ſels qui viennent de ce Royaume.

11°. Elle eſt bornée au levant & au nord par le Languedoc, le Pays de Sault & la Terre privilégiée; au couchant, par le Dioceſe de Rieux, le Commenge & le Dioceſe de Conzerans, Pays qui jouiſſent de la franchiſe du ſel.

12°. Deux petites parties du Languedoc ſont enclavées dans la Province de Foix, ſans tenir au Languedoc en aucune maniere: dans le centre de l'une d'elles, eſt une très-petite partie de la Province de Foix, totalement iſolée du reſte du Comté.

C'eſt après s'être fixée ſur ces notions préliminaires, que la Commiſſion a cru devoir examiner le projet de l'introduction du ſel de la Ferme dans la Province.

Elle l'a examiné ſous deux rapports, 1°. relativement à la Province, 2°. relativement aux Fermiers des droits de Sa Majeſté.

1°. L'avantage de la Province de Foix eſt-il d'adopter le plan propoſé d'introduire le ſel de la Ferme?

L'avantage que le projet annonce conſiſte à procurer à la Province une ſomme de ſix livres ſur chaque minot de ſel qui ſera conſommé, ſans augmenter le prix du ſel; & d'après les calculs faits, la réunion du produit doit s'élever à la ſomme de ſoixante-douze mille livres de bénéfice pour la Province.

PROCEZ - VERBAL de la Commission tenue à Pamiers.

Le projet est séduisant dans l'apperçu, on doit l'approfondir avant de l'adopter.

Nous avons établi dans les observations préliminaires, que le prix commun du sel dans la Province étoit de huit livres le minot, rendu dans chaque Ville, en n'y comprenant pas le sel de Camarade, qui se vend cinq livres le minot. On le suppose de dix livres rendu à Pamiers, dans le projet; voilà dès-lors qu'il faut de deux choses l'une, ou une augmentation de deux livres par minot, ou une diminution pareillement de deux livres par minot, sur la partie du prix qui doit revenir à la Province. Le bénéfice prétendu pour la Province, sur la quantité supposée vendue dans le Mémoire, est réduit à quarante huit mille liv.

Dans le projet donné, le sel rendu à Pamiers doit coûter dix livres. Le prix moyen des fraix de transport de Pamiers dans les Villes de la Province est de dix sols par minot, ainsi que nous l'avons établi; ce qui expose à une augmentation dans le prix, ou à une diminution de bénéfice d'un huitieme: en admettant la derniere supposition, le bénéfice est réduit jusques là, à quarante-deux mille livres.

On assure dans le projet, que la Ferme générale peut vendre le sel à Pamiers au prix de trois livres dix sols. Les renseignements que l'on a pris menent à croire que c'est par erreur que ce prix a fait la base du projet, & que les Fermiers généraux ne peuvent le vendre à Pamiers qu'au prix de cinq livres: resteroit donc que le bénéfice de la Province, si on n'établiſſoit une augmentation ſur le prix du ſel, devroit encore être réduit d'une livre dix ſols par minot; & au lieu de ſoixante-douze mille livres annoncés, ſeroit réduit à vingt-quatre mille livres.

Tout ce qu'on vient d'obſerver eſt dans l'hypotheſe où le prix moyen eſt de huit livres; tandis que ſi l'on prend pour baſe le ſel de Bayonne, le prix moyen dans le Pays de Foix ne ſera que de ſept livres quatorze ſols, ce qui diminuera le bénéfice. Si l'on prend pour baſe le ſel d'Eſpagne, vu la moindre quantité qui eſt néceſſaire pour produire le même effet, le prix moyen, relativement à la conſommation, devra être fixé beaucoup au deſſous. Si l'on y joint le prix du ſel de Camarade, le bénéfice ſuppoſé pour la Province ſouffrira encore la réduction de plus de la moitié, & le réduira, dans la ſuppoſition la plus favorable, à douze mille livres.

Il faut encore, pour avoir ce produit, ſuppoſer qu'on ne ſe ſervira dans la Province que du ſel de la Ferme; car, ſi on s'y ſert d'autres ſels, la conſommation ſera beaucoup moindre; & le bénéfice de la Province doit diminuer en raiſon de la conſommation des autres ſels.

Pour empêcher l'uſage des autres ſels dans la Province, il faut, *Primò*, faire détruire tous les puits ſalants qui ſont dans ſon enceinte, & indemniſer les propriétaires. 2°. Empêcher le verſement des ſels d'Eſpagne. Une légion de Gardes, quelque diligences qu'ils fiſſent, ne pourroit y parvenir, vu la multiplicité & la difficulté des poſtes qu'il y auroit à garder dans les Montagnes. 3°. Empêcher le verſement des ſels de Bayonne & de Brouage, dont on ſe ſert dans le Dioceſe de Rieux & dans la Guienne, & qui revient à toute la partie du Comté de Foix qui longe ce Dioceſe & la Guienne, à ſept livres ſeulement. Or comment y parvenir, tandis qu'il n'y a pas de Ville, de Village qui n'aboutiſſe à l'un & à l'autre des deux parts de ſon territoire, ce qu'on peut voir par l'inſpection de la carte ? Comment y parvenir, dès que dans l'enclave elle-même du Comté de Foix ſe trouvent deux parties du Dioceſe de Rieux, abſolument ſéparées du reſte de la Province de Languedoc, qui s'alimentent du ſel de Brouage, en paſſant indiſpenſablement ſur le Comté de Foix; dès que dans le centre d'une de ces enclaves ſe trouve encore enclavée une partie du Comté de Foix, qui eſt totalement ſéparée du reſte de la Province? Tous ces faits encore ſont établis, en jettant les yeux ſur la Carte du Pays.

Cette poſition des locaux étoit ſans doute inconnue à l'auteur du projet. S'il eût eu ſous les yeux la Carte du Pays, il ſe fût convaincu de l'impoſſibilité de la mettre à exécution, à moins de faire garder tous les points, ce qu'on ne peut faire ſans des dépenſes énormes.

La Province ſeule, dans cette ſuppoſition, pourroit avoir intérêt à faire cet établiſſement. Mais à quel ſurcroît de dépenſe ne ſeroit-elle pas expoſée? Cinquante Gardes ſeroient inſuffiſans ; la paye qu'il faudroit leur donner, celle des Employés ſupérieurs qui ſeroient à leur tête, abſorberoit au-delà du bénéfice, & ne préviendroient pas les fraudes. Par ce nouvel ordre des choſes, le produit qui, d'après le tableau ci-deſſus tracé, étoit fixé à la ſomme de douze mille livres, ſeroit inſuffiſant pour le paiement des Employés, en évaluant la ſolde d'un chacun à trois cent cinquante livres par an. Le projet de nous faire retrouver les fonds néceſſaires pour nos chemins ſur le débit du ſel, ſeroit abſolument anéanti & ſans aucun avantage réel. Nous ſacrifierions un privilege précieux, même néceſſaire à tous nos concitoyens par la nature de la choſe, privilege qui nous a été accordé dans les temps les plus reculés, privilege que nos ancêtres ont conſervé & défendu avec autant de zele que de ſoin, & qui a été confirmé par la bonté & la juſtice de nos Souverains, toutes les fois qu'on a tenté d'y porter atteinte.

De tout ce que nous venons d'obſerver on doit conclure, que l'introduction du ſel de la Ferme ne donneroit aucun ſecours à la Province pour la conſtruction de ſes chemins. L'auteur avoit pu en enviſager des certains dans un tableau hypothétique ; la connoiſſance des locaux, la connoiſſance exacte du prix du ſel, tel qu'il ſe vend actuellement, comparé avec le prix du ſel de la Ferme, nous a convaincus qu'il n'en eſt aucun, & que ce ſeroit des entraves que la Province s'imposeroit ſans aucun avantage.

PROCEZ - VERBAL de la Commiſſion tenue à Pamiers.

Il eſt une ſeconde obſervation que nous ne devons pas négliger. L'expérience la plus conſtante renouvellée tous les jours, & dont les ſuccès remontent par tradition aux temps les plus reculés, nous aſſure que le ſel venant d'Eſpagne l'emporte par ſa qualité ſur tous ceux de France, même ſur ceux de la Ferme pour les beſtiaux ; qu'une quantité beaucoup moindre leur profite davantage. On aſſure même, & cette aſſertion eſt reçue dans le Pays comme inconteſtable, que les ſels d'Eſpagne ſont un préſervatif contre les épizooties. On a cru obſerver, que dans la derniere maladie de ce genre, dont la Guienne & le Languedoc ont été affligées, elle avoit ceſſé ſes ravages aux lieux où l'uſage du ſel d'Eſpagne commençoit.

Nous ne pouvons nous diſſimuler que les beſtiaux ſont la principale reſſource de cette Province : ils pâturent ſur les Montagnes les deux tiers de l'année, & ſe répandent pendant les trois mois d'hiver dans les plaines. Comment intercepter l'uſage du ſel d'Eſpagne dans ces lieux déſerts & inhabités, ſur-tout dès que les Bergers le regardent comme un préſervatif des maladies auxquelles les beſtiaux ſont ſujets ? C'eſt néanmoins dans cette partie que ſe fait la principale conſommation du ſel : ſi on ne l'intercepte pas pour les troupeaux, la conſommation du ſel de la Ferme devroit être réduite du moins de moitié, & par voie de ſuite le bénéfice ſuppoſé de la Province.

Ce n'eſt pas la ſeule conſidération que nous devons faire :

le ſel eſt abſolument néceſſaire pour les troupeaux en général ; il eſt de premiere néceſſité pour ceux qui paiſſent ſur les Montagnes : l'herbe qu'ils y broutent eſt rude, les ſucs qu'ils en retirent ſont aigres, ils ne peuvent broyer les uns, ils ne peuvent facilement digérer les autres que par le moyen du ſel, qu'on eſt obligé de leur diſtribuer deux & trois fois par ſemaine, de-là la grande conſommation.

En ſuppoſant le projet donné vrai dans ſes parties, le ſel de la Ferme rendu à Pamiers le ſeroit au prix de dix livres, il faudroit y ajouter les fraix du tranſport; quelque modiques qu'ils fuſſent, cette dépenſe augmenteroit les charges des Bergers, qui ſeroient bientôt dans l'impoſſibilité de leur fournir la quantité accoutumée : de-là, la diminution de cette branche de commerce infiniment utile & la ſeule pratiquable dans les Montagnes, peut-être même la perte totale, qui entraîneroit après elle la déſertion de la plûpart de leurs habitans, qui iroient porter dans un Royaume étranger leurs biens & leur induſtrie.

Il eſt enfin une derniere obſervation. Certains Meſſieurs de la Commiſſion ont aſſuré, que dans la ſuppoſition où le projet ſeroit adopté, il ſeroit libre à tous les habitans du Pays de Foix de ſe ſervir indiſtinctement de toute eſpece de ſel, que c'étoit ainſi que cela leur avoit été annoncé. Dans ce cas, tout ſeroit ſubordonné à la préférence que l'on donneroit ou qu'on pourroit donner au ſel de la Ferme. Il eſt plus probable qu'on le donneroit aux autres ſels ; les uns ſont moins chers, la qualité de ceux d'Eſpagne eſt ſupérieure : celui de la Ferme reſteroit donc invendu. Mais ſi, comme d'autres Meſſieurs de la Commiſſion l'ont penſé, la ſuite du projet eſt de débiter le ſel de la Ferme excluſivement aux autres ; dans ce cas, il faut néceſſairement introduire une légion de Gardes dans la Province, pour empêcher la fraude & mettre en vigueur les Loix contre les faux ſauniers.

La Commiſſion, vu la multiplicité des procès, des conteſtations que la Subvention a fait naître, s'eſt déterminée à propoſer aux Etats l'abolition de cet Impôt : pourroit-elle lui propoſer, ſans contradiction, de lui ſubſtituer un projet, qui, en introduiſant le régime des Gabelles dans la Province, meneroit à ſa ſuite des fraudes qu'il ſeroit impoſſible de prévenir, des procès ſans nombre, des empriſonnemens & des peines afflictives contre ſes habitans ? Accoutumés à la liberté dont ils jouiſſent, entraînés par la facilité de commettre la fraude, impunément enhardis par l'intérêt perſonnel, & les préjugés que la tradition leur a tranſmis ; la vigilance la plus exacte ne ſuffiroit pas pour arrêter le cours des fraudes qu'ils pratiqueroient. Nous retomberions dans les inconvéniens que nous avons voulu proſcrire ; & ces inconvéniens ſeroient même plus graves, puiſque les fraudes, à raiſon de la Subvention, ne peuvent entraîner que des peines pécuniaires, & que celles en matiere de Gabelles entraînent des peines afflictives ou infamantes,

infamantes, des exécutions qu'il faudroit voir renouveller tous les jours.

Si, d'après toutes ces considérations, nous examinions encore le projet dans le goût qu'on le propose, nous verrions clairement que dans le moment il ne pourroit qu'être infiniment désavantageux à la Province.

Dans la supposition donnée, les Fermiers-généraux se chargeroient de faire remettre le sel à l'entrepôt qui seroit établi à Pamiers, au prix convenu; dès ce moment la Province en feroit l'acquisition, & le sel seroit à sa charge : soit qu'il fût vendu, soit qu'il ne le fût pas, elle devroit toujours faire l'avance du montant, les pertes, le déchet seroient pour son compte; & si on ne pouvoit le vendre au prix supposé, elle seroit obligée de le délivrer à vil prix.

C'est d'après toutes ces considérations, que la Commission a cru que le projet donné n'étoit pas avantageux à la Province.

Ce projet est-il avantageux aux Fermiers-généraux de Sa Majesté?

Il pourroit l'être sans doute, en ce qu'il procureroit une plus grande consommation du sel de la Ferme : elle en retireroit un profit moindre que de celui vendu dans le Languedoc; mais, quoique moindre, il y en auroit réellement un.

L'introduction du sel dans le Pays de Foix, dès qu'il seroit vendu à plus bas prix qu'en Languedoc, ne permettroit pas aux Fermiers-généraux de supprimer aucuns Employés; si le

PROCEZ - VERBAL de la Commiſſion tenue à Pamiers.

ſel étoit le même, ils devroient au contraire en augmenter le nombre, autrement les Dioceſes de St. Papoul, de Mirepoix & d'Alet, ſe pourvoiroient dans le Pays de Foix : des objets de commerce y appellent tous les jours les habitans : la perte que feroient les Fermiers généraux ſeroit immenſe.

Si au contraire il exiſte une différence ſenſible entre les ſels de Peccais, ceux de Sijean & Peyriac, dans ce cas la Ferme ſeroit dans le terme où elle ſe trouve aujourd'hui. Les Gardes ne pourroient être ſupprimés ; mais il faudroit toujours les augmenter aux environs du Pays de Sault, de la Terre privilegiée, où l'on ſe ſert du ſel de Peccais : ces deux parties ſont limitrophes du Pays de Foix.

Le ſel, par un traité fait avec les Fermiers généraux en 1623, devoit être vendu dans cette partie à trois livres cinq ſols le minot, on l'y vend aujourd'hui de douze à dix-huit livres.

Si la même qualité de ſel ſe vend dans le Pays de Foix à raiſon de dix livres, le débit du Pays de Sault ſera réduit à rien, la perte pour la Ferme évidente ; & cette perte ne ſera certainement pas compenſée par la conſommation qui ſera faite dans le Pays de Foix, puiſque les Fermiers généraux y donneront, dans la ſuppoſition, le minot de ſel à cinq livres. Il faut donc que la Ferme générale établiſſe une garde dans le Pays de Sault ; & ces frais, on voudra ſans doute les retrouver ſur le ſel vendu au Pays de Foix, ce qui mene néceſſairement à une augmentation de prix.

Si les Fermiers-généraux se chargent du débit dans cette Province, & que le sel de la Ferme ne jouisse pas du privilege exclusif, ils éprouveront les pertes & les inconveniens que nous avons marqué plus haut : s'ils ont le privilege exclusif, dans ce cas, le nombre des Employés à entretenir, les dépenses qu'ils seront obligés de faire pour les établissemens, absorberoient toujours au-delà du bénéfice qu'ils pourroient en retirer. C'est d'après ces considérations que la Commission a cru que l'intérêt même de la Ferme s'opposoit à l'exécution du projet présenté.

Sur quoi, de commune voix, il a été délibéré de remercier Monseigneur le Contrôleur général, des soins qu'il veut bien se donner, pour procurer à la Province aux moindres charges possibles, les fonds nécessaires pour les ouvrages publics ; le supplier de lui continuer l'honneur de sa protection, dans l'état de besoin vraiment réel où elle se trouve ; de l'assurer que la Commission est & sera toujours disposée à accepter tous projets qu'il jugera lui être avantageux, dès qu'ils auront eu son approbation, après qu'ils les aura connus dans tous les détails qu'ils présentent ; & qu'au surplus les observations de la Commission, sur le projet de l'introduction du sel, seront envoyées au Ministre avec la Carte du Pays, & le tout rapporté aux Etats prochains, pour par l'Assemblée être statué ce qu'il appartiendra.

Lecture faite des Requêtes des communautés de Varilhes

PROCEZ - VERBAL de la Commission tenue à Pamiers.

& de Verniolle, tendantes à ce que, vu que les vins qui se recueillent dans lesdits lieux demeurent invendus, à cause de l'importation du vin de Languedoc & autres Provinces voisines, qu'il soit établi un droit plus fort sur le vin venant de l'étranger, que sur celui qu'on débite en détail provenant du cru de la Province; & qu'il soit établi un droit de passage sur les charrettes qui circuleut dans les grands chemins de la Province, pour le montant en être employé à la construction & réparations des grands chemins.

La Commission, vu combien il importe à la Province de faire jouir le commerce de la plus grande liberté; que ce n'est qu'en le favorisant qu'on peut l'augmenter, & en retirer le plus grand avantage possible; que l'administration vient de donner une preuve de sa fidélité à suivre ce principe, en délibérant la suppression du pontanage de Sabar & Tarascon, à gros fraix; que si, d'un côté, l'importation du vin de Languedoc nuit à la vente des vins de Varilhes & de Verniolle, l'exportation des grains, légumes, fer, laines que font les Voituriers qui vont chercher le vin, assure un débouché au superflus que la Province a en une autre espece, & que c'est sur cette réciprocité de besoin & de ressource qu'est fondée la vraie richesse du Pays.

De commune voix a été délibéré, qu'il doit être dit par les Etats n'y avoir lieu de statuer sur le contenu desdites Requêtes.

Les Syndics-généraux ont remis sur le Bureau un projet,

qui tend à remplacer la Subvention ſur le vin, par une nouvelle de trois livres par pipe du vin qui ſe recueille dans la Comté, & de ſix livres par pipe de vin étranger qui entre dans la Province. L'auteur du Mémoire, & le détail dans lequel il entre paroiſſent certains, puiſqu'ils ſont établis d'après le produit des vignes & la connoiſſance exacte de la conſommation du vin étranger dans chaque lieu, fait porter le montant du produit à la ſomme totale de quarante-huit mille cent quatre-vingt-dix livres; il diſtrait pour les fraix de régie la ſomme de huit mille cent quatre-vingt-dix livres, & préſente à la Province un produit net de quarante mille livres pour chaque année.

La Commiſſion, conſidérant que ce genre d'impoſition tombe d'un côté en entier ſur les fonds de terre, qui ſont déja exorbitamment chargés; que les vignes ſont une eſpece de propriété, qui, pour la plus grande partie, ſe trouvent entre les mains du peuple; qu'il n'eſt pas juſte que lui ſeul ſupporte la majeure partie d'une impoſition qui a la conſtruction des ouvrages publics pour objet; que l'impoſition ſur le vin étranger qui entreroit dans la Province, ſeroit une entrave que l'on mettroit au commerce : croit que les Etats ne doivent pas accueillir ce plan.

Enfin on a préſenté un Mémoire, dans lequel on propoſe de ſuppléer à la Subvention par une impoſition ſur les Tailles, ou par une augmentation ſur les Droits réſervés.

PROCEZ - VERBAL de la Commiſſion tenue à Pamiers.

Lecture faite de ce Mémoire, de voix unanime, a été délibéré qu'il ſera propoſé aux Etats de pourvoir au remplacement de la Subvention par une impoſition de trente mille livres, à prendre ſur tel autre objet d'impoſitions déja établies, qui ſeront jugées les moins onéreuſes, pour ladite ſomme jointe à celle de douze mille livres impoſée ſur les fonds de terre, ſervir à la conſtruction des chemins.

FAIT & arrêté à Pamiers, le ſeizieme Juillet mil ſept cent quatre-vingt-cinq.

Signés,

† H. G. EVÊQUE DE PAMIERS, Préſident-né des Etats.
LE B. DE CASTELNAU DE DURBAN, Baron des Etats.
SAUBIAC D'UNZENT.
D'ARTIGUIERE DE CUBIERES.
FALENTIN DE SIEURAS.
BRIBES, Lieutenant de Maire de Foix.
ESTEBE.
FARBOS.
D'AREXY.

TABLE DES MATIERES.

27 Décemb. *OUVERTURE des Etats*, page 3

Lettre de Cachet, 4

Catalogue de Nosseigneurs des Etats, 5

Remise des Procurations, 8

Translation de l'entrée de Canté sur celle de Roquebrune, ibid.

Rapport des titres de M. l'Abbé de Monteils, & sa réception pour Bonnac, 11

Réception de M. Estebe, pour l'entrée de Labat, 21

Députation à M. le Commissaire du Roi, 22

Donation au Roi, 7425 livres, ibid.

28 Décemb. *Dire de M. le Commissaire du Roi*, 23

Commissaires sur le dire de M. le Commissaire du Roi, 32

Dire de MM. les Syndics, au sujet des Arrêts du Conseil, 33

Arrêt du Conseil pour la Milice, ibid.

28 Décemb. *Arrêt du Conseil pour les impositions accessoires*, 34
Arrêt du Conseil, pour les Vingtiemes, ibid.
Arrêt du Conseil pour la Capitation, ibid.
Quartier d'hiver, 15000 liv. ibid.
Commissaires nommés sur trois objets, ibid.
Réparations du Château de Foix 200 liv., 35
A Monseigneur le Gouverneur, 12000 liv., ibid.
A M. le Marquis d'Usson, 1000 liv. ibid.
A M. le Président, 500 liv. ibid.
A M. le Baron des Etats, 500 liv., ibid.
A MM. de la Noblesse, 1000 liv., 36
Affaires urgentes, 1500 liv., ibid.
A M. le Marquis d'Usson, Commandant & Commissaire, 3000 liv., ibid.
A M. de Pourdon, 1000 liv., ibid.
A M. de Miglos, Commissaire du Visa, *500 liv.*, 37
A M. Boyer, Commissaire du Visa, *500 liv.*, ibid.
Au Major, 300 liv., ibid.
A l'Imprimeur, 60 liv., ibid.
Aumônes, ibid.
Pour le College de Pamiers, 600 liv., ibid.
Pour les réparations des routes & chemins, 1000 liv., ibid.
Pour les intérêts des Emprunts, 1000 liv., 38
Pour la construction des chemins, 12000 liv., ibid.

28 Décemb. *A l'Aumônier, 60 liv.*, 38
Au Concierge, 15 liv., ibid.
Aux Gardes, 20 liv., ibid.
A Sabardu, 40 liv., ibid.
1er. Janvier. *RAPPORT de la Commission des Requêtes*, 39
Requête des PP. Augustins de Pamiers, ibid.
Requête de Naudy, Collecteur d'Orlu & d'Orgeix, ibid.
Requête de d'Arexy de Siguer, 40
Demande de la Communauté de Tarascon, 41
Requête de Soulé, ibid.
Requête des Communautés de Varilhes & de Verniolle, 42
450 liv. accordées à M. Pertinchamp, ibid.
RAPPORT de la Chambre des Comptes, 43
Dire de M. l'Abbé de Foix, ibid.
Suspendu, quant à l'objet de l'indemnité, soit pour le fonds, soit pour la distribution, 52
Délibéré sur le rapport de M. l'Abbé de Foix, ibid.
Transaction sur le remboursement de M. Daunoux, ibid.
Cession de rente faite par Demoiselle Gaubert à l'Œuvre des Pauvres de la Dalbade, & autres de Toulouse, 53
Néant à la Requête de Canal & autres de Croquier, ibid.
Arrêt du Conseil, au sujet du Pont de Tarascon, 54

2 Janvier. *RAPPORT de la Chambre des Comptes,* 54
Comptereau du Sieur Faure, 57
Comptereau du Sieur Charly, ibid.
Comptereau du Sieur Ribat, Secretaire, ibid.
Comptereau du Sieur Fornier, Trésorier, ibid.
Requête de la Communauté de Croquier aux indemnités, 59
Remboursement de 2000 liv. au Sr. Deguilhem, 60
6 Janvier. *RAPPORT de la Commission nommée pour examiner les différents projets pour remplacer la Subvention;*
Discours de M. l'Abbé de Foix, Président de la Commission, 61
Délibéré sur le dire de M. l'Abbé de Foix, 89
7 Janvier. *Délibéré sur la destruction de la Subvention,* ibid.
Emprunt de 60,000 liv., 90
Contribution de la Noblesse aux chemins, 92
Invitation du Clergé à contribuer aux chemins. ibid.
Requête des Communautés de Durban & autres, 93
Requête de la Communauté d'Arnave, 94
Requête de Varilhes, ibid.
Requête de Doumenc de Saverdun, 95
Requête de Gourbit, ibid.
Requête de Gaston, 96
Requête de Massat, ibid.
Requête du Maire de Saint-Ybars, ibid.

7 Janvier.	*Autre Requête du Maire de Saint-Ybars,*	97
	Requête de la Dlle. Sabatier,	ibid.
	Requête de Fournex,	98
	Requête de Verniolle,	ibid.
	Requête de Madame de Carrere,	ibid.
	Requête de Bouan,	99
	Requête de Braſſac, Benac & St. Pierre,	100
	Requête de Siguer,	ibid.
	Traitement avec les Cabaretiers d'Ax,	101
8 Janvier.	*Demande de M. de la Beaume,*	102
	Bains d'Uſſat,	103
	Pont de Mazeres,	104
	Requête de Daumazan,	105
	Requête de Luzenac,	106
	Requête du Sieur Rauly Balnegre.	ibid.
	Requête de M. Martimort,	ibid.
	Demande des Sieurs Saint-André & autres,	108
	Requête de M. de Benac,	ibid.
	Requête de Garanou, Unac & autres,	109
	Charge de Juge-Mage,	110
	Requête de M. Delaſcazes,	111
	A M. Pertinchamp 400 liv.,	112
	Voierie,	ibid.
	Requête de Soula,	113
	Dire des Syndics-généraux,	114

8 Janvier. *Commissaires nommés à raison de la Subvention, pour diriger les opérations des Syndics généraux pendant l'année,* 119

Requête du Sieur Pagés, ibid.

Eaux d'Ussat, 120

9 Janvier. *Dire de M. le Marquis d'Usson,* 122

Dire de M. le Président, 123

Dire de M. le Commissaire du Roi, ibid.

Lettre de cachet, 124

Délibéré au sujet de la démission des Syndics, 125

Réponse du Commissaire du Roi, à la députation MM. des Etats, 128

Dire de M. le Commissaire du Roi, ibid.

RAPPORT de la Commission des Chemins, 130

Tableau des parties de Chemins à faire en 1786, & & des sommes qui doivent y être employées dans l'année, 133

Chemin de Tarascon, 200 toises de longueur, 134

Chemin d'Ax, 4215 toises, ibid.

Chemin de Sabar, 1300 toises, ibid.

Chemin de la Ramade, 1882 toises, ibid.

Chemin des Minieres, 600 toises, ibid.

Chemin de Saint-Paul, 1300 toises, 135

Chemin de Castelnau, 700 toises, ibid.

Côte de Tresbens, 1500 toises, ibid.

9 Janvier. *Chemin de St. Girons à Pamiers, 3000 toises*, 135
Chemin de Sabarat, 4152 toises, 136
Pour l'entretien des chemins, 1000 liv., 137
Tableau des sommes dues aux Entrepreneurs, ibid.
Essai de nouvelle maniere d'entretenir les chemins, 142
La Province prendra le fait & cause des Syndics, ibid.
Requête de Pamiers, ibid.
Contrôleurs des Ouvriers sur les chemins, 145
Plan pour aboutir au pont de Tarascon, 146
Plan du pont & rue de Foix, ibid.
Dire des Syndics, pour Font Meûnier à Ax, 147
Requête de Lissac, 148
Requête de Tarascon, pour 109 liv. 4 sols, 149
Requête de Foix, pour 300 liv., ibid.
Rôle des frais du Sieur Conferon, à 2132 l. 3 d. 150
Lettre à écrire par M. l'Evêque, à M. l'Intendant, sur la députation, ibid.
Impression du Procès-verbal de la Commission tenue à Pamiers pour le Sel, ibid.
Au Sieur Flusin 312 liv., 151
Rapport fait par M. de Larnat, pour le franc-aleu, ibid.
Poursuite du franc-aleu, ibid.
Ensaisinement à contester, ibid.
Doublement des honoraires, 152

12 Janvier. *Présentation de M. Darmaing, Syndic*, 152

Dire de M. Darmaing, 153

Délibéré sur le Dire de M. Darmaing, 154

Prestation de serment de M. Darmaing, 155

Réglement proposé pour la Capitation des Militaires de la Province, ibid.

Dire de M. l'Evêque, au sujet de l'Arrêt du Conseil obtenu par Peyronnet, 156

Commission nommée pour traiter avec le Sr. Peyronnet du résiliement de son Bail, 157

Approbation du Verbal de la Commission du francateu, 159

Juillet 1785. *Procès-Verbal de la Commission tenue à Pamiers*, 161

Fin de la Table.

www.ingramcontent.com/pod-product-compliance
Lightning Source LLC
Chambersburg PA
CBHW070356090426
42733CB00009B/1442

9782011300874